改訂版 〝人さらい〟からの脱出

違法監禁に一二年間耐え抜いた医師の証言

小出浩久 著

光言社

はじめに

二〇二三年七月、私は世界平和統一家庭連合（いわゆる旧統一教会）の信仰を持ち、都内の総合病院で内科医として働き、春と秋には、カンボジアへの医療奉仕活動を行っている。

約三十年前、桜田淳子さんの国際合同結婚式への参加や、〝霊感商法〟などでワイドショーを賑《にぎ》わせた統一教会が、昨年七月以降再びマスコミで取り上げられた。いや取り上げられたというより「旧統一教会」という団体に対して、「弱いものいじめ」「村八分」という言葉が思い浮かぶような偏向報道がされた。すなわち、旧統一教会に所属していたら犯罪者か精神に異常をきたした人と思われるように報道した。

三十年前当時、私は病院で懸命に働いていたのに、犯罪者のような扱いを受けた。

一九九二年六月十三日、テレビに正義の味方のように出てくる有田芳生氏、紀藤正樹弁護士、山口広弁護士によって正当化された反統一教会の人々によって、「座敷牢《ろう》」のようにしつらえられたマンションの一室に閉じ込められた。そこで、実の父親から「おまえには弁護士を自分で決めるような人権はない」と言われた。それはおかしいと反発すると、今も紀藤や山口両弁護士と同じ全国霊感商法対策弁護士連絡会に所属する平田広志弁護士は、その部屋まで入ってきて「親族によってつくられているなら、この環境は違法ではない」と宣言して出ていった。弁護士の一言は恐ろしいほど力を持ち、私の親兄弟から、人間を閉じ込めることに対しての恐れを消し去ってしまった。その後、約二年間有田芳生氏と懇意にしている宮村峻《たかし》氏、松永堡智《やすとも》牧師の指導の下、親兄弟によって、内心の自由も身体的自由も制限された環境で生活させられた。連日、聞くことを希望していない（二〇二二年の下半期にテレビで流れているような）家庭連合に対する悪口、そして、悪い噂《うわさ》のようなものを、キリスト教牧師、元信者（全員、マンションの一室で棄教させせられた方々）、から聞かされた。十五カ月間は、外に出ることは一切許されなかった。夜間に部屋から部屋への移動をするときも、十名ほどの人の監視のもとでの移動であった。

二〇二二年はテレビのワイドショー上で有田、紀藤、山口ら各氏が発する言葉が、一般の方々そして国会議員さらには首相を「弱いものいじめ」に駆り立ててしまったようだ。そんな中で岸田自民党総裁は八月三十一日に「旧統一教会と関係を断つこと」を宣言した。国民としての義務を果たし日本を心から愛している多くの家庭連合の教会員がどれほど怒り失望してしまうか、岸田総裁は考えたのだろうか！

そして、自民党本部前でのデモのような抗議活動を家庭連合の教会員が行った、というような話はまったく聞こえてこない。まさに、日本の中で家庭連合の教会員は「弱いもの」

「村八分にされたもの」で、不当に扱われているのに自由に声をあげる人権すら、放棄させられてしまった状態と思う。家庭連合に所属すると、日本のなかでは、世間の空気とマスコミが、人権抑圧をしてしまうと感じる。

その後、私は、月刊『Ｈａｎａｄａ』の取材を受けた。自分が受けた座敷牢《ろう》の体験を話すことができた。「村八分」をおかしいと考える方々がいてくださったと思った。さらに取材を受ける中、さまざまな家庭連合の信仰生活を振り返ることもできた。自分にとって社会的な権利以上に、宗教的信条、内心の自由が保護されたことが重要であった。実の父は、私の身体を拘束し殴りながらもそこは尊重してくれていた。「より社会にも認められるようになって欲しい」そういう「親心」を持っていてくれたようだ。一方で常識が認めていなくても、「信じたものはやり通せ」という思いも持っていることは、父との会話からよくわかった。父は、天理教という、一度は社会的に迫害を受けた宗教を信仰していた。

今の仕事や社会の中では私自身は医師という立場なので宗教団体の形や教理を守ることより、出会わせていただく患者様一人一人の心を保護することをしなければならないと思う。弱いものいじめにあっても、村八分にされても、どんな抑圧の影響下にあっても、癌《がん》のような重大な病気にかかっても、「大丈夫だよ。あなたの心の持ち方は自由だよ」という思いで接していかないといけない。心の自由があって初めて神仏との出会いという貴重な体験をすることができる。それこそが生きる力、免疫力にもつながってくるものだと思う。いろいろな宗教的儀式や個人的な生活の中で、そんな神仏を感じる体験をされた方に、その体験は地位や名誉やお金よりも重要なものであること、どんな権威者によっても奪うことのできない「心の財産」であることを伝えたい。

神仏との出会い、などと言うと、一般の方々には遠いもののように感じるかもしれない。神仏が人類一人一人に抱いている時空を超越した大きな「親心」と出合うということだと思う。幼いころから、実の両親や小学校の先生、先輩などから愛され「親心」を感じた土台があって、神仏との深い出会いができるのではないかと思う。

私が出会った頃の有田氏、紀藤氏、山口氏、ＴＢＳ報道特集ディレクター、そして宮村氏、松永牧師は、神仏の親心との出合いの重要性をまったく理解していなかった。そのうちの一人である紀藤氏、統一教会潰しの先頭に立つ人物が、政府の霊感商法等対策検討会に入って委員として中心的に発言している。神仏の「親心」と出合うこと自体が妄想、錯覚のように否定され、被害などと決めつけられてしまっている。日本の中で政府、マスコミによって国民一人一人の神仏の「親心」と出合う機会が破壊されている。これは、家庭連合の信者のみならず、全宗教者、さらには全国民が被ってしまっているものである。

河野太郎消費者担当大臣によって政府委員に選ばれた紀藤正樹弁護士が正当化してきた

〝反統一教会グループ〟が、現実としてどんなことをしてしまったかを私の体験を通してまず知ってほしい。さらに多くの旧統一教会員が同じような環境に追い立てられたことを知ってほしい。私と同じような境遇の中で、自分の心で感じた事を愛する親兄弟から「妄想」のように扱われ踏みにじられてしまった人達は、今、どうなっているのだろう？　神仏から注がれてくる「親心」を感じる力は、どんな幼い人にも、能力のない人にも、過去どんな犯罪を犯した人にも、誰にでもあることを伝えたい。歴史を通じて、先祖や家族を通じて人類を愛してきた神様は、今もあなたをこよなく愛していることを伝えたい。

二〇二三年七月二十五日

小出浩久

目次

第二章　反統一教会グループの一員として改宗請負人の手先に

第一章　十五カ月間の監禁生活

一、統一教会への入信

一九八三年九月五日、当時、自治医科大学三年生であった私は、親友のM君の紹介で統一教会の人たちと出会った。彼らは宇都宮大学の学生三名と看護学生の一名であったが、私はその彼らを通して統一原理を学ぶこととなった。

私の家系は曾《そう》祖父の代から天理教の信仰をもっており、私も幼いころ、風邪を引いたり病気になったりしたときには、祖父から天理教で言う「おさづけ」という癒やしの業をうけて、よく治療してもらったことを覚えている。

また、私は両親を通じて天理教の教えにも触れ、時には両親とともに天理教のお祈りの「おつとめ」もした。天理教には「陽気ぐらし」といって、神も喜び、人も喜ぶという教えがある。けれども、現実には戦争、飢餓、虐殺、殺人、強盗等々、神も人も喜ぶことのできない不幸な事件が至るところで起こっている。私は中学生のころに、宗教的理想とこうした現実とのギャップ、さらには「性」に関する自分自身の内なる葛藤について随分と考えさせられた。

ところが統一原理を学んでみて、とりわけ人間の邪心を解きあかしている堕落論を学ぶことによって、人間始祖の不倫な性関係が邪心の原因となり、そこから戦争などの社会の矛盾も自分自身の内なる葛藤も起こってきていることを知った。

その解答を得たときの衝撃を、今でもはっきりと覚えている。

しかしながら、当時自治医大は、いなかの全寮制の大学という狭い社会だったので、友人達、先輩、大学教授が、統一原理を学び続けることに反対してきた。

私と故郷、出身校も同じで、とくに私をかわいがってくれていた先輩のS氏は「朝日ジャーナル」[*1]等を愛読しており、統一教会に批判的な情報を相当量収集していた。

そのS氏から、統一教会の偏った情報ばかりを聞いて不安を募らせた母親は、九月末から十月初旬にかけて、「一人で頭を冷やしなさい」と私を自宅に軟禁した。そこでは、特に私は誰からも説得のようなことを受けなかった。父の本棚の宗教関係の書物を読んですごした。その中には高橋佳子著『真創世記　地獄編』などがあった。

そのような反対にもかかわらず、統一教会に対する単なる「風聞」ではなく、自分自身の目で真実を確かめてみたいと思った私は、やっとの思いでその軟禁から逃れ、統一原理を学ぶための四日間のセミナーに参加した。

＊1　一九六〇年代から一九七〇年代にかけて、左翼的思想の支持者に人気だった週刊誌。

実はこのときは参加したほうが良いかどうか相当迷った末の参加であった。

しかし、その四日間が、大学に入る前後から悩み続けていた、科学と宗教の両立という問題に光を与えてくれたのである。

医学への道を志す前から、自然科学、とりわけ物理学には関心があった。自然現象の多くが数式によって表現されることは私にとってとても興味深く、もっと深く学びたいと常々考えていた。

ところが大学に入って受けた物理学の最初の講義は、私にとってちょっとショッキングだった。

ノーベル賞候補とも噂《うわさ》されたことのあるA教授は、その講義での最後で「この世の中のすべてのことが一つの数式から導き出されるようにしたい。たとえば、人間の指が五本あるのも、その数式によって証明されるようにしたい」と語ったのである。

自然科学を学んでいるものとしては、この上なく魅力的な話に感じられた。しかし、天理教を信仰しているときに、創造神の愛情を日常生活の中での様々な体験の積み重ねによって知っている者としては、その言葉は受け入れ難く、恐ろしい考え方のように感じられた。

私たちの生きている世界は数学だけによって支配される（規定される）冷たい世界なの

か？　この問いかけは、ずっと私の心の奥底に残った。

大学の教養課程では様々なことを学んだ。オパーリン[*2]の生命の起源、ダーウィンの進化論、エントロピーの増大の法則、量子力学、心理学ｅｔｃ。そのどれを懸命に勉強しても、心の中の「不安」ともいえる問いかけへの答えは得られなかった。

ところが、である。四日間のセミナーで学んだ統一原理の「創造原理」は、私に明確な考え方を提示してくれた。創造主は原理原則に基づいてこの世界を創造されたが、それは「ともに喜びたい」からであった。一つ一つの法則の背後には、自然界の美によって、人間を「喜ばせたい」という創造主の愛情がある。神の中では法則と情緒とは矛盾なく一つになっているというのが、創造原理の主張だった。

同時に、数学的に解こうとすると難解なこの世界が、結果としては、愛と美に満ちあふれた世界であったことに気づかされたのである。

かつてアインシュタインが「世界について永遠に理解不可能なことは、世界が理解可能であるということである」と言ったが、それは創造主が、我が子人間を喜ばせたくて、この世界をその対象としてつくられたからであった。

＊2　ソ連の生化学者。「地球上の生命の発生の過程は、完全に物理的・化学的法則によって決定されたものであるとする説」を提起した。

天理教時代の神秘体験は、その神様の心を私が個人として感じる体験だった。この偉大な真理を皆に伝えたいと感じ、十一月には進んで統一教会の先輩とともに熱心に宇都宮市の路傍で、伝道をし始めていた。

一方、宗教活動にあけくれる私の姿を見て、先輩のS氏は私にこう言ったものだった。「おれは統一教会に小出をとられたんだ。小出が統一教会の信仰を続ける限り、おれも統一教会とかかわり続ける」

S氏は統一教会関連の批判的な情報を集めては、両親の元に送り続けた。誰も相談相手のいなかった両親にとっては、私と出身高校も同じであり、しかも自分の子供のことでいろいろと気遣ってくれるS氏を信頼し、頼るようになっていったのも無理からぬことかもしれない。

両親は、S氏が提供する情報や統一教会に関する説明を信じ込み、不安にかられていった。その情報のほとんどは統一教会に反対し、敵意をもつ人々が流しているものであった。

悪いことに、私自身のとった当時の行動が、批判的情報が〝事実〟であるかのような印象を、両親に深く植え付けてしまった。

統一教会に悪意と敵意をもつ人たちは、統一教会に子供たちが入ると「学業成績が落ちる」「親元へあまり帰らなくなる」「街頭で熱狂的な伝道活動をする」などと宣伝してきた。

確かに、統一原理を信じた人（特に青年）はその教えの内容に感動し、積極的に教会活動に参加するようになってしまう。自分の時間の大半を布教活動に割くようになってしまう。このために、批判する人たちが指摘するような現実を引き起こしてしまうこともないわけではない。本当は、深く、神そして信仰の先輩との交流をもって人生の考察をすべき時期だった。もっと積極的に、神にも先輩にも導きを求めるべきであった。日本の宗教団体において個別性をもった指導が不足してしまうという課題がある。組織的活動に重点がおかれがちなのである。

そうした状況を目の当たりにした親や兄弟、親族は、大方の場合、統一教会に恨みを抱いてしまうのだった。

私が統一原理と出合って一年ほどした一九八四年ころ、両親は私を統一教会から脱会させるべく、その解決策を求めて、統一原理に対する批判書を数多く著している森山諭牧師のもとを訪ねている。森山牧師は東京の荻窪にある日本イエスキリスト教団・荻窪栄光教会の牧師であった。

そこで両親は、〝反統一教会グループ〟の実質的リーダーで、狂信的「改宗請負人」の宮村峻《たかし》氏と出会った。宮村氏はクリスチャンではないが、当時、森山牧師と協力して統一教会員の両親や親族らを自分の主催する勉強会で教育して拉致・監禁を促し、自ら監禁現場に赴いては脱会を強要するという、反統一教会活動を活発に行っていた。

しばらくして両親は、毎週土曜日に開かれていたその勉強会に参加し、反統一教会の立場から統一教会に対する批判的教育を受けた。しかし、父のほうはあまり熱心でなく、母も一人で勉強会に通うことに疲れを覚えはじめ、中断してしまった。

それからしばらくたって、今度は〝反統一教会グループ〟のほうから両親に接触があり、母は新宿のホテルで宮村氏と元統一教会員らと会うことになった。そのとき母に連絡を取ったのは、大学で私と同じサークルに顧問として所属していた、元助教授の小藤田氏であった。小藤田氏はすでに統一教会員の自分の親族を監禁して説得し、脱会させることに成功していた。その小藤田氏に監禁、脱会を指導したのは、他ならぬ宮村氏であったという。

母はホテルで小藤田氏から「息子さんを統一教会から脱会させるように頑張ったほうがよい。私たちもできるかぎり協力する」という主旨のことを言われ、私に対する脱会活動を積極的にするように勧められたようだ。

母は大学の元助教授から持ちかけられたこともあって、そのとき息子のために頑張ろうと心に誓ったのであろう。やがて母ばかりか、父、姉、弟もそれに同調するようになり、宮村氏が主催する勉強会に再び足を向けるようになった。この勉強会に通う中で、母や姉は宮村氏や元信者との関係を深めていったのである。

宮村氏らの反統一教会の勉強会における親に対する教育は、実に巧妙だった。

拉致・監禁で脱会させた元信者を使って父兄の相談にのったり、また元信者に統一原理を信じて活動していた当時のことを、宮村氏らの意向に沿いながら「統一教会は反社会的団体であり、子供たちは悲惨な生活をしている」と親たちが信じ込むよう、次から次と証言させるのだ。元信者は、拉致・監禁下で、神秘体験や内心の自由をとことん否定されていたので、それまでの信仰生活を、「意味のない生活をした、騙《だま》された」と、思い込まされていた。

そのような勉強会で一方的情報と知識とを与えられた親たちは、〝子供が入っているのは反社会的団体という生易しいところではなく、悪質な犯罪者集団だった〟とまで思い込むようになる。やがて深刻になった親たちは、何が何でも息子、娘たちを統一教会から脱会させなければならないという心境にまで追い込まれてゆくのである。

母は「すがりついてでもこの人についていこうと思った。無視されたときは、本当にやる気があるか試されていると思った」と、後日私に語っている。

宮村氏の勉強会で得た情報を真に受けた母は、宮村氏への信仰とさえ言えるような盲目的な追従をして、家族全体を巻き込み、二年近くに及ぶ監禁生活へと駆り立てられた。

一九九一年ころには、母は私の脱会の手助けをするように、親戚、知人に声をかけ始めていた。

二、拉致・監禁

家族が用意周到に拉致・監禁の計画を進めているとは夢にも思わなかった私は、拉致される当日まで、いつものように東京・豊島区の総合病院「一心病院」で、内科医として勤務していた。

一九九二年六月十三日、私は母に呼び出されて埼玉県蕨《わらび》市の実家に帰った。夜八時ころだった。

しばらくすると、親戚二十人近くが入ってきた。突然のことに、度肝を抜かれた。私は奥の部屋に座らせられ、皆がまわりを取り囲んだ。その全員が、私のほうを険しい顔つきでじっと見据えている。

父が私に言った。

「浩久。統一教会という犯罪組織に加わって活動することは、親、兄弟はじめ親戚として絶対に許せない。その件に関して皆で話し合うため集まってもらった。心おきなく周りに邪魔されずに話し合う場所を別に用意してある。そこでじっくり話し合おう」と。

私は「病院の職員と約束があるのでその場所に行く前に電話させてほしい」と言ったが、なぜか皆、口をそろえて「絶対ダメだ」と言った。

私はやっとその場の雰囲気の異常さに気づき、話し合いには応じたくないと言い、その場から出ていこうとした。

その途端、親戚のうちの男性たちが私に飛びかかり、家から担ぎ出し、外に停めてあったワゴン車に押し込んだ。これが教会信者に対する拉致・監禁と気づき、外に出された際、大声で「助けてくれ！　殺される」と叫びながら、逃げようと必死の抵抗を試みたが、多勢に無勢、脱出は無理だった。

車の中では、私の両脇に座った父と弟とが腕をしっかりつかんでいた。自動車が都内を走っていることだけは分かった。私は泣きながら聖歌を歌い続けた。

同じ所を幾度も幾度も回ったあげく、やっとあるマンションの前で停まった。入り口には見知らぬ若い男女十数人が待ち構えていた。車から降ろされた私は、この男女に取り囲まれ、逃げ出す暇もなく、再び親戚らの手によって、そのマンションの一室まで担ぎ込まれてしまった。

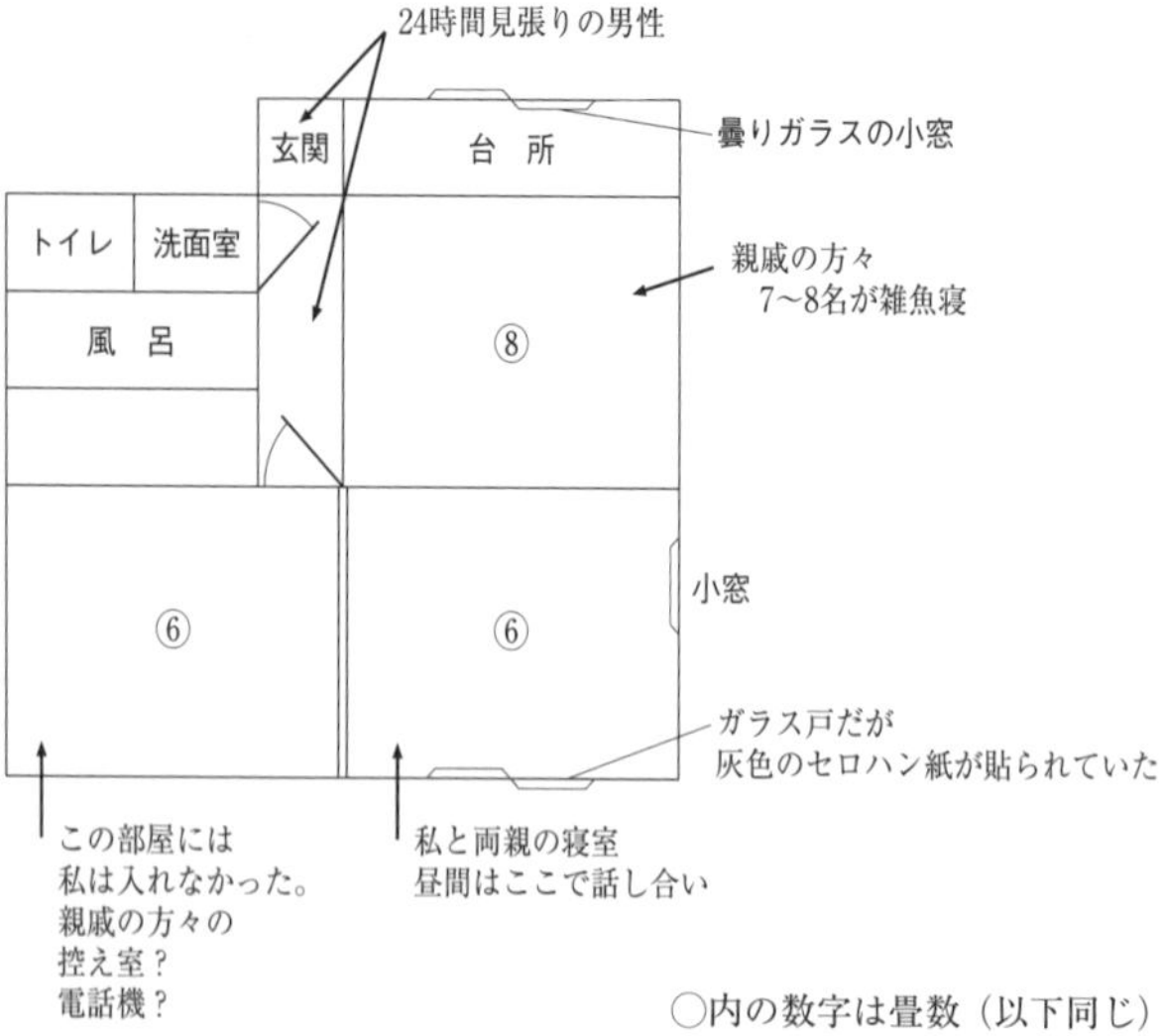

○内の数字は畳数（以下同じ）

最初に監禁されたJR荻窪駅近くのマンション、メゾン西荻

部屋の中は何の変哲もないマンションの一室で一見普通のようすだったが、親戚の人がドアをチェーンのようなもので固定し始めたのを見て、「監禁された！」ことにようやく気がついた。

三、東京のマンションでの説得

監禁されてしばらくすると、私のいる部屋にタバコの臭いをプンプンとさせる中年男と、二十代から三十歳くらいの若い男女五、六人が入ってきた。

人相の悪く見えたその中年男性こそ、統一教会員に対する拉致・監禁による改宗活動の〝首謀者〟と言われる宮村峻《たかし》氏であった。

宮村氏と一緒に来た若い男女の中には、TKさん（福岡の婚姻無効裁判でテレビにも出演、『FOCUS』にも載った）、YTさん、KWさんらがいた。いずれも以前は統一教会員だった人たちである。

私が監禁された部屋に入ってきた彼らは全員、険しい顔つきで私のほうをにらんでいた。

宮村氏はヨレヨレの背広を着ており、髪はボサボサ、皮膚の色はドス黒く、目つきはひときわ鋭かった。灰皿を自分の脇に置き、話の間中ずっとタバコを吸い続けていた。

彼の外見を見て、「何でこんな人を私の両親や元信者たちは信じてしまったのだろう」そう思わずにはいられなかった。

私は、拉致・監禁という理不尽な行為に踏み切った両親や兄弟、そして元信者らに強い憤りを感じた。

「何で普通の状態で話し合えないんだ。こんなことをしても信仰は絶対に棄てない」

私は、監禁者たちに食ってかかった。

そして「基本的人権を無視した暴力的宗教迫害はやめていただきたい！」と。

この言葉ばかりを幾度となく繰り返した。

言葉の強さとは裏腹に心の内は相当乱れていた。何人もの元信者に囲まれ「私も信仰を捨ててしまうことになるのか」と感じてしまっていた。どんな犯罪者でも弁護士をつけられるし、拘留されるには裁判で判決を受けてからになるし、警察がつかまえるのにも逮捕状が必要なことなどを話した。

かえって父は怒りに震えて、「統一教会で犯罪ばかりを行っている者に、基本的人権なんて言う資格はないんだ」と怒鳴り返してきた。

私はそれでも「基本的人権を無視した方法での脱会強要はやめてくれ」と訴え続けた。

私の目の前に立った宮村氏は、開口一番「やめません！」と言ったが、あわてて「いや、やってません」と言い直した。

そして宮村氏は「お前ら統一教会の人間は憲法より天法が優先するといっているだろう。こんな時に憲法を持ち出すのはおかしいぞ」「統一教会の常識はこの世の非常識だといわれているんだろう」などと揶揄《やゆ》するように言い、周りの元信者と私の家族に「そうだよな」とか「そうですよね」とかと、同意を促した。

元信者たちはうなずきながら、一言一言、そこに悪口を付け加えた。

両親といえば、神妙になって「はい、そのとおりです」と答え、宮村氏の言われるままに従っていた。

さらに宮村氏は「統一原理を信ずる者は狂っており、元信者は今はまともになったのだ」とも付け加えた。

Nさんという女性は、「こんな『原理講論』なんてマチガイだらけで、一時期でも私も信じていたかと思うと、恥ずかしくて自分の子供が生まれても見せられないわ」と言ってきた。

宮村氏は私のほうをにらんで、「もう、おれの〝波動〟で負けたと思っているだろう。フフフ……」と鼻で笑った。

そして「おまえは統一教会員の中では優秀だと思っているんだろう。原理を分かっていると思っているんだろう。しかし、……。統一思想の原相論の神相と神性の違いも分からないんだろう」と言う。

その時の私は〝いや～、そんなことは勉強していなかったな〟と思ったが、統一原理の教える本質は、信仰生活の中での体験の積み重ねによって、つかんできた、という自信があったので、さほどショックは受けなかった。

私は小手先の屁《へ》理屈だけであれこれ攻めてくる宮村氏を無視して、構わず「基本的人権」を訴え続けた。

そんな私に耐えかねたのか、宮村氏はついにテーブルの上に身を乗り出して私のほうをにらみつけ、「おれはこうやってにらめっこを最高三時間くらいしたことがあるんだ」と威嚇してきた。私が横を向いてしまうと、今度は胸ぐらをつかんできた。

すかさず「暴力はやめていただきたい」と言うと、さっとその手を離した。

そんなやりとりがあり、宮村氏らは、その日はあきらめて帰っていった。

監禁の実行者である家族、親戚の人たちに「私は医者で、多くの患者を受け持っているから、行かないと大変なことになる」と、何回も必死に良識に訴えようと頼んでみた。

しかし、「両親が悲しんでいるのでそちらの解決が先だ」「誰か代わりの医者がいるだろう」「私たちだって会社を休んでまで来ているんだ」などと弁解を繰り返し、誰も取り合ってはくれなかった。

おかしな宗教を信じて活動しているというレッテルで、私を見ているようだった。私が日頃、医師として、責任をもって働いている現実世界の姿は無視されてしまった。（あとで聞いたところでは、親戚の中でも「医者をしている浩久君を監禁なんかしていいのか」と言っていた人がいたそうである）。

監禁されて何よりもつらかったのは、同じ病院で勤務している信仰の友、兄弟姉妹ともいえる看護師さんたちが、〝泣き悲しんでいる〟ということだった。悲痛な想いが伝わってきて心が痛かった。

私は毎晩祈りながら、彼女たちの記憶から自分の存在を消してほしいと願った。そして、〝泣くな、泣くな、泣くな。忘れろ。私のことなんか忘れてしまえ〟と心の内で叫んでいた。

監禁されたのだが、ひきさかれることがもっとつらいことを味わった。

監禁を逃れ、自由の身になっている今、私は、監禁されていた日々のことを彼女たちに聞くと、彼女たちだけではなく、多くの兄弟姉妹が私のために〝悲しみ、信仰を失わないように〟と祈っていてくれたことを知った。

監禁されて数日後、勤務先の病院に私が担当していた患者の治療方針だけでも伝えたいという願いを、やっと家族は聞き入れた。

特に、気になっていたのは、やはり末期癌《がん》の患者さんや、重症糖尿病の患者さん、そして、その家族のことだった。八十代で胸水までたまってきた悪性腫瘍の患者さんは、連日呼吸苦を訴えていた。そして、日々、衰えていく体に対して大きな不安を抱いていた。胸腔《きょうこう》へドレーンを挿入し、抗癌《こうがん》剤の注入を行い、そして、その患者さんにどのように病気について伝えようかと、死というものへの心の準備を家族と共に始めた矢先だった。また、四十代の男性で、糖尿病で失明、顕著な起立性低血圧のため、ほとんど寝たきり状態の患者さんのことも心配だった。急に坐位《ざい》になると、失神してしまうこともあった。食事をする以外は一日中、ラジオを聞いているという生活だった。母一人、子一人で、いったん退院し家庭生活を始めたものの食後の悪心嘔吐《おうと》に、下痢が重なり、症状が悪化し再入院となっていた。どのように今後の人生を有意義に過ごしてもらえるか？　そのお母さんと共に考え始めたばかりだった。

そのため、私が医師としてその患者の状況を把握していたので、誰かに申し送らなければと、心が痛み、夜も眠れなくなった。

他の多くの外来患者さんのことも、もちろん、心配だった。糖尿病の患者さんが多く、その一人一人の生活や人生にまで、アドバイスしていた。食生活、運動を含めた家庭生活のあり方が、糖尿病のコントロールに最も重要なことと、私は考えていた。私が突然いなくなったということが、糖尿病を悪化させることは、目に見えていた。中には、思春期の女性で、血糖を計りながらインスリン注射を行っている方もいた。糖尿病のコントロールが良くなるまで、妊娠しないようにしている女性もいた。彼女たちの不安を思うとやりきれなかった。

それらの患者さんたちに対する申し訳ないという思いを込めて、カセットテープに、治療方針などを録音して、送らせてもらうことになった。

ところが、いざそれを送る段になって「やはりダメだ」と止められてしまった。宮村氏が「そのテープがどんなふうに統一教会に利用されるか分からない」と言ったからだと、両親から説明を受けた。

その時は「裏切られた。なぜこんなに言うことをコロコロ変えるのだろう」と奇妙にも思った。

その後も、両親に約束を破られたり、言うことが突然変わったりすることがしばしば起こった。

両親は「別にお前が外に出なくても読みたい本や資料は何でも探してきてやる」といっ

ていたが、実際手元に届いたのは依頼した本のうちの四分の一に過ぎなかった。それもそのほとんどは牧師や宮村氏の手元に既にあり、説得に都合のよいものばかりが届けられた。

また監禁直後は「お父さん、お母さんは二年でも、三年でも付き合う覚悟がある。だからゆっくりやったらいいんだ」と言っていたが、一週間くらいしても私が黙々と聖書を読んでいると、今度は「真面目な態度が見られない。時間稼ぎばかりしている。早く『霊感商法』について納得のいく説明をしろ！」と全く逆のことを言うようになった。しまいには、「いついつまでに説明するように」などと期限を切るまでになった。

「何か普段の両親や弟とは違う。どうしてだろう？」と日増しにその疑問はふくらんでいった。後でわかったのは、父が毎日宮村氏に電話して「指導」を受ける体制になっていたのだった。

宮村氏本人も監禁後一週間くらい、連日のように来た。

ある時は福岡県弁護士会の平田広志弁護士を連れてきた。そして、「私が監禁されている環境は合法的なものである」と、私と私の家族に納得させようとした。

平田弁護士は部屋のドアの取っ手にチェーンが巻き付けられ、窓は開かないように固定、外も見えないように目張りされ、外に逃げられないように見張りの人までつけられているという、明らかに監禁されている私の状況を見ても、「こういう状況が違法であるとは認められていない」などと、家族に説明していた。

「これが違法じゃない？　弁護士までグルか……」

何とも言えない、虚しさを感じた。

宮村氏が連れてきたこの平田弁護士は全国霊感商法弁護士連絡会に所属している。この時は私に名刺を見せ、平田広志と名乗った。

後でこの弁護士連絡会所属の紀藤正樹弁護士と会話する中で、平田弁護士は「宮村氏に誘われて、ついていった」と弁明していたことが分かった。この連絡会所属の弁護士仲間では、このような憲法違反の人権無視も容認され、半ば公然と行われているのだということを知った。その紀藤弁護士が国（消費者庁）の霊感商法等対策検討会の委員なのだから、国の人選がいかにいい加減かが分かる。人権侵害に加担していると言っても言い過ぎではないだろう。

この時、両親から、この数日私が聖書を読んでいることを知らされた宮村氏はこう言った。

「どうせ、聖書なんてほとんど知らないだろう。試しにアモス書について説明してみろ」

その時点ではアモス書[*3]が旧約聖書の預言書の一つということぐらいしか知らなかったの

で、私は黙っていた。

すると、『原理講論』[*4]の再臨論[*5]を開かせ、そこの〝矛盾点〟を指摘し始めた。

「『古くから、東方の国とは韓国、日本、中国の東洋三国をいう』と書いてあるが、『古く』というのはいつごろのことだ。こんなふうに言われたことがあったのか。『日本は代々、天照大神を崇拝してきた国……』とか書いてあるが、よく考えてみろ！　日本は仏教国じゃないか」

周りの家族や親族もそのとおりだという感じでうなずいていた。

私は、「なるほど宮村氏の主張も一理あるな。『原理講論』に書いてあるからといって無条件に『絶対的に正しい』と考えがちだったな。一つ一つを辞書で単語を調べたりしながら、著者の言わんとするところをしっかりと深く勉強する必要があったな」と反省した。

しかし一方では、宮村氏のこの話し方を聞いて、自分の論理を押しつけ認めさせなければ満足しないタイプで対話が成立しない人と思った。

確かに日本は現在仏教国の範疇《はんちゅう》に入る国ではあるが、仏教伝来以前から庶民は天照大神を崇拝していたのだから……。

この時は、反省するとともに「ははあ、こういう論法で『原理講論』はマチガイだらけでおかしいという発想が出てくるのだな。元教会員たちは宮村氏などから『原理講論』はマチガイと言われて、本当の意味で勉強をすることをせずに、ただ宮村氏の言われたままを信じて反発心をもつだけなんだ」と思った。と同時に「『原理講論』全体として訴えている内容はスゴイものなのだ。今までの哲学者や宗教家が解決しえなかった多くの問題に解答を出している。私たちが歩むべき道もはっきりと教えてくれている」との〝考え〟は揺るがなかった。

元統一教会員がその価値を誤解させられていることが残念でならなかった。

日本の歴史に関連した批判のあとに、宮村氏は統一教会の儀式の中で非常に重要とされている「三日行事」のことを話題にしてきた。

「統一教会では、夫婦は文鮮明が組み合わせ、いちいちセックスの仕方まで指導するんだぞ。なんていやらしい宗教なんだ。こんなこと君は知らないだろう」と言ってきた。

私がまだ祝福を受けておらず、合同結婚式に参加していないことから、歪《ゆが》んだ話でショックを与えようと思ったようだ。

＊3　預言者アモスの説教や詩、また彼が見た幻について書かれたもの。
＊4　家庭連合の基本的教理解説書。
＊5　イエス・キリストが十字架で亡くなられるとき、「再び来る」と言われた。イエス・キリストがいつ、どのようにして、どこに来られるかを論じたところ。

しかし、私は自分が統一原理を伝え既に合同結婚式にも参加した友人や先輩から、その儀式の「意義と価値」、さらには儀式を通して友人が感じた神様の愛までを聞いていたので、宮村氏のいかにもいかがわしいものであるかのような思わせぶりな発言に対し、何のショックも受けなかった。

何らかの反応を宮村氏は期待していたようで、ショックを受けるようすを見せない私に、拍子抜けをしたようだった。

むしろ私は「両親のいる場で教会を批判するためとはいえ、こんなことを言うとは、宮村という人物はやり方がいやらしい」と思ったが、声に出しては言わなかった。

宮村氏の話が一段落すると、私は再び「基本的人権」を主張し続けた。

後で気がついたことだが、宮村氏は私のところに一度も一人では来なかった。必ず元信者二、三人を連れて来た。案外気が弱いのかもしれない。そして、寂しがり屋なのだろう。説得の場でタバコを片時も離せないのも、不安を紛らわせている現れなのかもしれない。

その後、宮村氏は、しばらく来なくなった。

監禁されて一週間ほどたった日曜日の昼間、私が学生のとき、私の信仰を指導してくれたこともあるOさんという人が訪ねて来た。私はその時まで、Oさんが信仰を捨てていることを知らなかったので、非常に驚いた。かつ、悲しくなった。

彼女にどうして統一教会をやめてしまったのかを聞きたくなった。そこで、いろいろ話をしてみることにした。

Oさんの場合は、監禁を二回されたという。一回目は信仰を捨てたふりをして外に出て、そして逃げたのだという。その後、再度の監禁を恐れて両親には居場所を知らせずに転々としていた。その時も、各地で信仰をもった先輩として、新しく信仰をもった人たちを指導するような立場にあり、私も幾度かその指導を受けたことがあった。

彼女によると、彼女が所属していた教会では、彼女が信仰を捨てたことが知らされると、多くの人がショックを受けるかもしれないということで、教会員には知らせないでいるのだということだった。

Oさんは一九八八年十月に行われた六五〇〇組の合同結婚式参加後、再び監禁された。この二度目の監禁のときは、「もう一度嘘をついてでも逃げなければならない。かりに一生、信仰に基づいた家庭を築けなくても、一人でも、隠れてでも信仰をもち続けていく決意をしなければならない」

そう思ったという。

でも、そう決意するのは本当につらかった。

彼女は内面ではそんな葛藤をしながら、『御旨と世界』[*6]を読んでいった。『原理講論』の記述にいくつかの理解しにくいところがあることは知っていた。弟子が書いたのだからマチガイもあるだろうと思ったそうだ。

しかし、メシヤの直接のみ言《ことば》（『御旨と世界』）に少しの誤りもあるはずはない、そう思っていた彼女は『御旨と世界』を読んで頭に入れておけば、信仰を失うはずがないと思ったという。

かなりの短期間で読み終えた。

そして、宮村氏と話をした。その時は、「誰かと話をしたい。一人で苦しんでいるのは耐えられない」という気持ちにまで追い詰められていた、という。

この時、宮村氏は

「『イエス様のゴルゴタにおける三次の祈り』なんて文鮮明は言っているが、イエスが祈ったのは『ゲッセマネ』だろう」

「文鮮明の話によると一九八七年には共産主義は絶滅していなければならない。しかし、今もって共産主義国は存在している。どう説明するんだ」

「文鮮明は中国は亜熱帯文明といっているが、そんなことはない。英国、米国、日本も文鮮明が言うような亜熱帯文明なんかじゃないぞ」

など と、『御旨と世界』の〝マチガイ〟を指摘してきたという。

彼女はマチガイがあってはならないはずの『御旨と世界』のマチガイを指摘されてしまった。

私の信仰的観点から見ればあまり意味のない〝マチガイ〟の指摘ではあるが、彼女の心の中ではメシヤに対する信仰は音をたてて崩れてしまった、という。

「小出君も落ち着いて、よく考えてみるといいわ」と、しみじみ言った。

彼女は私を責めることもなく、また「気違い」のように扱うこともなかった。

監禁後、一週間くらいして、私は一度、脱出できないかどうか、ドアに近づいてみた。しかし、十数名の人が見張りとして泊まり込んでおり、とても無理だと悟った。

窓は（特別な器具が取り付けられていて）開かないようになっているうえに、灰色のセロハン紙で中から外が見えないようになっていた。

食事は朝昼晩と規則正しく出された。特に夜の食事は、親戚の女性が腕を振るってかなりのご馳走《ちそう》を作ってくれた。

＊6　一九六九年～一九八四年、ダンベリー刑務所に収監されるまでに韓国、日本、米国、ヨーロッパで文鮮明師が語った説教、講演を集めたもの。私が監禁された頃には、信者の必読書と言われていた。

しかし、外の世界の情報は何も入らなかった。テレビもなく、ラジオもない。新聞などを読むこともなかった。ただ読めるものといえば『聖書』『原理講論』『御旨と世界』、その他には統一教会かキリスト教関係の書物だけだった。

私を監禁した直後から、父も母も朝から聖書などを読んでいた。二人とも何か使命感に駆られながら読んでいるかのようだった。それでも母はよく居眠りをした。聖書など読んだことがないのだから、当然といえば当然のことであろう。

私はそれまで聖書を通読したことがなかったので、監禁されたとはいえ、聖書をじっくり読めること自体はうれしかった。

しかし、聖書は普通の本のようにただやたら読んで、その意味するところが理解できるような代物ではなかった。そのときは必死であったが、『原理講論』で解説が加えられているところ以外は、字面を追っていただけのように思う。聖書に本格的に取り組むとともに、その素晴らしさを体験したのは、それから何カ月かのちのことであった。監禁が長期化し偽装脱会（信仰を失ったふりをすること）をして毎日、自分を偽り続けたとき、内面的な苦しみの極みに置かれたときであった。

何日間も私が聖書に没頭している姿を見た家族は、突然こんな要求をしてきた。

「〝統一教会の行っている霊感商法〟について説明してみろ」というのである。しかも、家族が納得するまで、というのである。その場の雰囲気で、私は断ることができなかった。

私は、まず「マスコミなどは、『霊感商法』は統一教会が組織的にやっているなんて報道しているがそんなことは絶対ない。自分も周りの人も、教会から指示をされてそんなことをやったことはない。もし信者でかかわっている人がいても、その人たちがその活動の価値を自主的に認めた上で、自発的に取り組んでいるはずだ」と説明した。

そして、「『霊感商法』という呼び名自体、日本共産党が勝手につけたもので、そんな商法は存在しない。統一教会を批判する人たちの情報をもとに、教会員の自発的活動を教会組織が命令し強制的にやらせているようにすり替えて報道して社会問題化させているだけだ」と、再三強調した。

しかし家族は、「統一教会が霊感商法をやっている」というマスコミの報道や統一教会反対派の主張を頭から信じており、頑として私の説明を認めようとはしなかった。それは揺るぎなき信念のようであった。

両親がそういう思い込みをするのも当然のことであった。なぜなら、マスコミが、特にテレビのワイドショーが統一教会と霊感商法を何とかして結びつけようと、あることないこと無責任な報道を連日、執拗《しつよう》に放送していたのを見ていたことと、また、宮村氏らの勉強会で、拉致・監禁という形で統一教会を脱会した元信者のほとんどが「統一教会によって、自分は霊感商法をやらされた」と主張し、両親にもそう説明しているからだ。

彼らは、拉致・監禁され説得を受ける中で、そういう思考方法を植え付けられたのであろう。ただ彼らが統一教会の信仰をもっていた時点でどれくらい「神様に愛と喜びを返していきたい」という願い、さらに、多くの人々にすばらしい人生、幸せな人生を送ってもらいたいという想いから活動していたかが問われる。その想いが活動の原点でなければならない、と思う。

宗教的活動をしながら、様々な体験をしつつ、神様の願いを自ら悟ってゆければ、良かったであろう。

私は、家族のその信念が誤りであることを分かってもらうため、文鮮明師の提唱する統一運動の中には、宗教の分野ばかりでなく、政治の分野、経済の分野、さらに芸術、科学、医療などさまざまな分野があることを説明した。

そしてその統一運動は、文鮮明師が説く統一原理の理念に基づいてなされているが、その個々の運動と推進する母体はそれぞれ独立していることも話した。また、それを納得するためには、統一原理全体をある程度理解することが必要である、と訴えた。

しかし家族は、「我々は霊感商法について説明してほしいだけで、統一原理など知りたくもない」と、統一原理を学ぶことを拒否した。

私が「統一原理を学ばなければ説明できない」と再三訴え、ようやく説明を始めることができた。

ところが、いくら統一原理を説明したところで、家族の心にはすでに「統一教会はすべて社会悪」「霊感商法は犯罪行為」という〝信念〟が居座り、冷静に私の話を聞くことができず、話はなかなか進まなかった。

家族たちは「統一原理」の最初の部分である創造原理の陽陰の二性性相のところで、早々につまずいてしまう。私が「被造世界は、人間が男性と女性、動物が雄と雌、植物が雄しべと雌しべといったようにすべてが陽陰からなっている」と説明すると「本当にすべてがそうなのか？　そうじゃないのもあるんじゃないか」と追及され、私もその弁明に必死になってしまった。

落ち着いて自分の分かっている範囲で、ゆっくりと説明すれば何でもなかったことを、この時はすっかりあわてててしまっていた。

実は、この質問は家族が自分で考えたのではなく、反統一教会活動家の急先鋒の一人、浅見定雄東北学院大学教授の著書の受け売りのようなものだったのだが……。

講義は、しばしば言い争いの場となった。それは理論の争いから、やがて感情のぶつけ合いに展開した。ある時などは、講義を聞いていた父が感情をたかぶらせ、突然、私に殴る、蹴るの暴行を加えてきた。

ある晩など、家族は私を取り囲み、文鮮明師ご夫妻の写真を取り上げ、「この白ブタめ！こいつが悪いんだ」などと叫びながら、私を殴った。母は「こいつめ、こいつめ」とその写真を殴っていた。

やがて父が興奮し、私の顔面に膝蹴りをいれてきた。その時は、弟は驚いてしまい、後で「お父さん、本当に殺しちゃうんじゃないかと思ったよ。お父さん危ないよ……」というほどの迫力であった。

その時に私の顔にできたあざは一週間以上残っていた。

監禁されても私が落ち着いているので、父や弟の精神状態が不安定になっていることは明らかであった。

私は毎朝その顔のあざを見て、みじめな思いになったが、反面、不思議にも誇らしい気持ちにもなった。

この家族の異常な言動、行動を目の当たりにした私は、「統一教会はすべて社会悪」とのその〝信念〟や行動が、統一教会の活動を実際に知って生まれてきたものではなくて、むしろ強烈な憎しみや恨み、不安などの感情に裏打ちされたものであることを知ることができた。

家族の異常な言動と行動は、かえって統一原理に対する私の確信を強め、この後二年間も続く特殊な環境を耐え抜くための〝支え〟とさえなったのであった。

家族との話し合いが平行線になったことを感じた私は、七月八日から断食を始めた。そして、祈り求めた。


監禁されて約一カ月が過ぎた七月十二日の昼すぎ、「小出先生、頑張ってください」という声が外から聞こえてきた。

皆、あわててカーテンを閉めたり、大声をあげて部屋の中は騒然となった。

勤務先の一心病院の職員たちが、私が監禁されていた場所を捜し当ててくれたらしい。

その日の夜遅く、私は突然起こされ「ゆっくり話し合いを続けるために場所を移すことになった」と言われた。このとき私は、一心病院側に私の監禁場所が分かったので逃げることにしたのだろうと思った。

しかし、実はそれだけではなかった。後になって分かったことであるが、この日、私の身を案じた一心病院から提出されていた「人身保護請求」が東京高等裁判所に認められ、裁判所からの呼び出し通知が監禁場所のマンションの郵便受けに配達されたのだった。

家族はそのことを宮村氏に報告した。

裁判所からの呼び出しには必ず出頭しなければならない。出頭しないと、人身保護請求を提出した一心病院の職員と警察か裁判所の係官が訪ねてくることもあり得る。裁判所に出頭すれば、拉致・監禁の事実がばれてしまう。

そう考えたのであろう。宮村氏は裁判所の命令を無視するには、そこから逃げ出して、監禁場所を移すしかないと判断し、脱会活動で協力しあっていた松永堡智《やすとも》牧師に依頼して、新潟のマンションへ移れるように頼んだのであった。

一年半後、監禁から軟禁状態へと解かれた私は、両親からその通知書を見せてもらい、そのときの事情を聞かされた。私は高等裁判所による人身保護請求とは人権を守る力が本当にあるのだろうかと思った。

宮村氏も「たまには松永先生に厄介になることがあってもいいと思って頼んだんだ」と言っていたらしい。

監禁場所を移動したのは通りに人の絶えた深夜だった。

マンションの部屋から出る前に、トイレに入り、その中で祈った。

「逃げろ！」と神様が叫んでいるように感じとれた。

しかし、外ではマンションに連れ込まれたとき以上に厳重な警戒が敷かれていた。元信者と思われる数十人もの人がマンションの入り口を取り囲み、私が自家用車に乗せられるのを見張っていた。両脇は固められ、すき間のないほどに周りを元信者で固められてしまった私は、抵抗しても無駄だと感じ、逃げることをあきらめて車に静かに乗り込んだ。その車は自治医大の元助教授の小藤田氏が運転していた。

私は神に祈った。

「逃げることはできませんでした。しかし、私はあなたから離れず、必ずあなたの栄光をあらわしてみせます」と。すると、神から光が注がれているのを感じ、神が「よし、頑張れ！」と呼びかけているように感じた。

マンションを出てから、車はしばらくして高速道路に入った。車は時速百五十キロほどの猛スピードでとばし、途中どしゃぶりの雨となったが、それでも速度は落ちなかった。宮村氏から小藤田氏に何回も電話が入り、もっと急げとせかされていた。小藤田氏は「もうこれ以上急ぐのは無理ですよ」と、携帯電話に向かって悲鳴をあげていた。

余り急ぎすぎたせいもあったのか、元信者の乗った後続車は、小出町のあたりで中央分離帯に乗り上げるという事故を起こしてしまい、大破したが、幸い乗っていた人たちは軽傷を負った程度だった。

途中の看板で、新潟市に向かっていることだけは分かった。

七月十三日、午前五時三十分ごろ、新潟市万代のマンションの一室に入った。

この時、T氏の他に十数人の元信者が見張りも兼ねて迎えに出ていた。父、母、姉、弟、そして姉の夫、子供二人、父の知人はここまで付き添ってきていた。東京で監禁を開始したときにいた人数からすれば、かなり減ってはいたが……。

移ったマンションの一室のドアは、東京のときと同様にチェーンで閉じられ、窓の鍵も開かないようにされていた。当然、テレビも新聞もなく、外界からの情報は遮断され、心理的には孤独な閉塞状態が続いた。

四、新潟での説得、逃げ回る生活の始まり

万代のマンションに移された翌日、新津福音キリスト教会の牧師を名乗る松永堡智《やすとも》氏が四、五人の元統一教会員と共に訪ねてきた。

松永牧師は部屋に入るなり、あいさつもそこそこに、「文鮮明が語ったことには矛盾がある」と切り出し、いくつか問題だという箇所を指摘してきた。

例えば、二十一日修練会の資料の中から、文師のみ言《ことば》に対して難癖をつけてきた。

２つめの監禁場所となった新潟市のマンション、ヴェルドミール万代

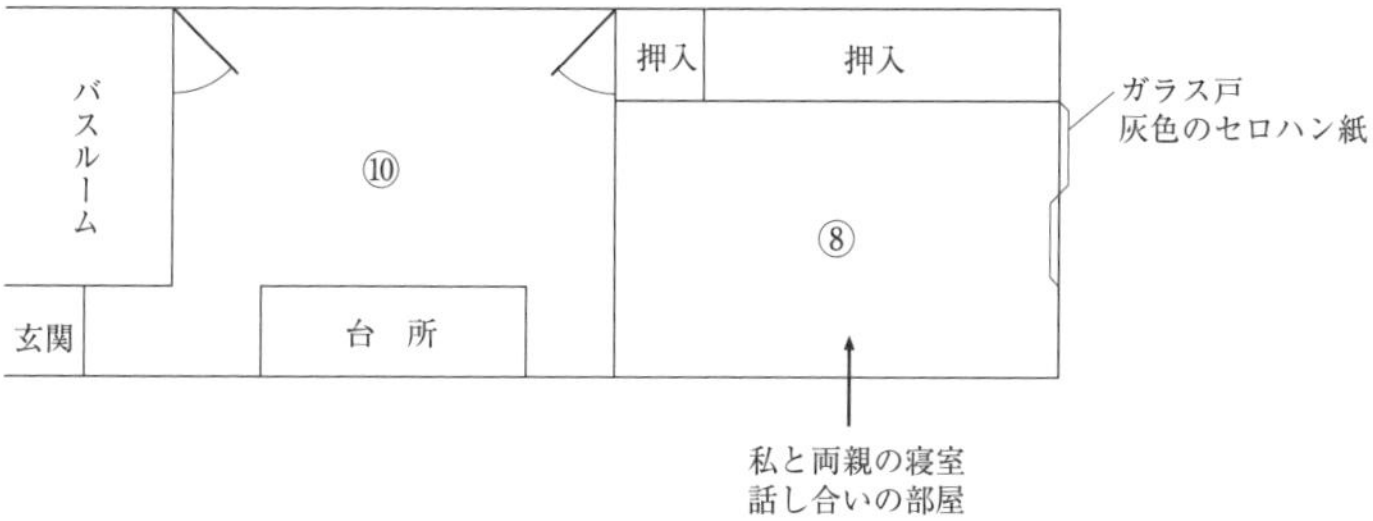

「興南《フンナム》での労働量に関する話は、まったくつじつまが合わない」と言うのだ。

松永牧師は一日の労働時間と一時間の労働量を計算して、「文鮮明が言っている結論のようになるかい。ならないだろう。デタラメじゃないか。文鮮明はウソばかり言っている。こんな人間がキリストだと思うのか」と私に詰問した。

そして、聖書からペテロの第一の手紙二章22、23節を読んで帰って行った。そこには「キリストは罪を犯さず、その口には偽りがなかった。ののしられても、ののしりかえさず、苦しめられても、おびやかすことをせず、正しいさばきをするかたに、いっさいをゆだねておられた」と書かれていた。

奇しくもこの23節をマンションで聞かされたことは、その後において、統一教会に関するさまざまな誹謗《ひぼう》・中傷とも言える悪口に対して、私の取るべき姿勢を教えてくれたのであった。

万代のマンションには、連日元信者が訪ねてきた。ここで彼らは、いわゆる〝霊感商法〟について、「統一教会が組織ぐるみでやっている」という彼らの主張を私に認めさせようと、徹底的に攻めたててきた。

「統一教会の指示・命令で、信者が霊感商法を組織的にやっているんじゃないか」と、訪ねてくる元信者の誰もが同じように繰り返した。「私はアベル（教会組織の中で自分を信仰面で育ててくれる方）に言われるままに壷《つぼ》や多宝塔、珍味を売っていた」と皆が皆言ってきた。

元信者たちの繰り返しに対して、私は「霊感商法を統一教会が行っていると言うけど、本当に教会が組織をあげてやっていると思っているんですか」と、逆に質問した。彼らは「当然じゃないか」と言ってきた。

そして私は「それじゃあ、あなたは統一教会の職員から指示されていたのですか。あなた方の販売はどこでやっていたんですか。会社じゃないんですか」「霊感商法は詐欺だというならば、あなた方もそれをやっていたときには、相手を本当に騙《だま》すつもりでやっていたんですか。それだったら、それはあなた方に責任があるんじゃないですか」と、逆に問いただした。

彼らは「確かに販売は販社や会社で行っていた。しかし、その販社や会社は教会のものじゃないか」「ブロックという教会の組織で霊感商法はやっていたんだ」「自分たちは教会に騙されて、マインド・コントロールされて霊感商法をやっていたので責任はない」などと反論してくる。

私は、マスコミのいう〝霊感商法〟とは「宗教法人の教会がやっていたのではなく、熱心な信者の一部が個人として自主的にやっていたことだ。そうした信者がつくった会社や組織で行ってきたことじゃないですか。もともと統一教会に会社などないですよ。あなた方の認識はおかしい、間違っている」とそのつど説明した。

元信者たちは、「あなたのほうこそおかしい。ウソを言っているのだ」と、食ってかかってきた。

「私の言っていることはウソでも何でもない。霊感商法と言われていることは現実がそうだったんですよ。あなた方は自分の立場を混同していたんです。牧師や反統一教会の人の言うことを鵜呑《うの》みにするんではなくて、自分でよく考え、現実を確認してみてください」と反論を繰り返した。


次に話題となったのは、教理に関してであった。

彼らは「教会にいるときは『アベルの言うことは絶対だ』と教えられ、命じられるままにそれを信じて頑張ってきた。アベル・カインとは指示・命令の関係で、絶対服従をしなければならないことなんだ」と、口々に言ってきた。

私は「『原理講論』のどこにもそんなことは書かれていない。アベルとカインは兄弟で、愛によって一つになる関係を築くように努力して、初めて救いの道が開かれると教えているではないか」と、説明した。

ところが彼らは「私たちは皆、アベルからそう教わった。あなたの原理理解は独自的でマチガイだ」と、逆に〝説教〟されてしまった。

確かに、私も教会の先輩から「アベルの言うことは絶対である。カラスが白いと言われれば、自分は黒と思っても白と思いなさい」と言われたことはある。しかし、これは罪を犯した人間がその罪を取り除くという条件を立てるためには、従順という姿勢が重要であることを強調するための教訓的な指導であった。私はそれを生活の中で実行を迫られたり、強制されたことはない。カインの立場にある人が、アベルの立場の人に心を開いて、その人を通して神からの愛を感じ、心の状態を把握してもらい、アベルと交流し、活動する喜びを周りの人々にもひろげてゆくのが、とても大事だと感じていた。

私が理解した範囲ではあろうとも「アベル・カイン」の教理とすばらしさを説明したかった。けれども、そこまで突っ込んだ話はできなかった。彼らは私を〝敵〟のように責め立て、私も彼らと本当の意味で心を開いて話すことができないままに、対話は平行線になったからである。

「統一原理は真理でしょ。なら少しでも間違いがあったらダメなんじゃない」この発言も元信者から幾度となく聞いた。

私はそのたびに「『原理講論』の表現に理解しにくい部分があることは認める。しかし

『原理講論』全体が伝えようとしている内容が、真理かどうかなのかが問題の本質だ」「君たちが統一原理によって学んだのは神と人間の心情圏で、それこそ真理。言葉だけが真理ではない」と懇々と説いた。

信仰をもっていたときの彼らも、文字の奥に潜む本質をつかもうと努力していたではあろう。しかし彼らは、監禁されて説得を受ける中で、記述されている表面上の文字ばかりに目を向けるように強いられ、書かれている内容の本質に心を向けられないような思考方法にさせられてしまっていた。

『原理講論』があらわそうとしている神の喜びと悲しみ、苦しみをくみ取り、その心情の解放のために自分たちの行動があることを忘れさせられてしまった。

二度目以降に訪れた松永牧師は、今度は「『文鮮明＝メシヤ』という教会の主張を両親たちに証明してみろ」と要求してきた。

松永牧師自身はその反証を行おうとの意図から、批判的情報を集めて持ってきていた。牧師は、主に共産党機関紙「赤旗」の元記者が書いた『淫教のメシア・文鮮明伝』(晩聲《ばんせい》社刊)などに書かれていることを根拠に、文鮮明師に対する罵詈《ばり》雑言の限りを尽くしてきた。

牧師は、まるで「文鮮明はメシヤでありえない。こんな奴がメシヤであってたまるか」

と言っているかのようであった。

私はその時、ルカによる福音書六章22、23節を心に念じていた。

「人々があなたがたを憎むとき、また人の子のためにあなたがたを排斥し、ののしり、汚名を着せるときは、あなたがたはさいわいだ。

その日には喜びおどれ」

私は松永牧師に「メシヤという概念自体を日本人はもともともっていない。メシヤとは何かについて、ある程度共通の認識をもたずしてこの命題を証明することは不可能だ。神を認め、人間の罪を認めて、歴史観があってそれは初めて分かることだから、まず皆で神について話し合おう」と提案した。

牧師や元信者たちは「議論から逃げている。すり替えだ」と言ったが、私は「神観が定まって、次に罪観、そしてメシヤ観が出てくる。神―罪―メシヤの順で話し合いましょう」と言い続け、松永牧師らもそれをしぶしぶ受け入れた。

〝神観〟については対話と交流をお互いに学び合う気持ちでできれば、本当にすばらしいはずだった。しかし、当時の私は反対する相手から神観を学ぼうとはとても思えなかった。

この元信者との話し合いの中で、私は随分と自己嫌悪に陥ることもあった。

私自身も信仰的に自分で学んだり、体験したことのないことでは「だって、アベル（いわゆる先輩）がそう言ったのだ……」と言わざるを得ない場面にたくさんぶち当たったからだ。

また、統一教会に入ってからの自らの不勉強さも嘆かざるを得なかった。すべてに批判的な家族の姿や元信者に接してみて、素直で、余り疑うことを知らない人にしか、今の自分の説明は受け入れられないものではないかと、力不足を感じざるを得なかった。

「もっと勉強しなくては、そして家族や反対者にも納得のいく説明がしたい」と焦る思いが出てきた。

そこで、私は『統一思想要綱』[*7]『共産主義の終焉《しゅうえん》』[*8]『統一神学』[*9]が読みたいと言った。すると、元信者のOさんらはすぐ次の日にそれらの本を持ってきてくれた。

余りにも早く持って来てくれたので、私は彼らの本心がこう願っているのではないかと感じた。

「早くこれらを学んで、自分たちをもう一度救いの道に至らせてほしい。救ってほしい」と。

私自身はその三冊の内容を通して、改めて統一原理の素晴らしさを悟らされた。今まで自分が学んできた宗教、哲学、思想をより深く理解し、その疑問点、未解決問題を解消してくれるものであった。これらの内容を踏まえてきちんと説明すれば、より多くの人に、特に反対している人にも納得してもらえるのではないかと感じた。ただ、いずれの本も専門的な引用文献が多いので、私一人では、これだけ反発している人達に、責任をもっては説明できないことだろうと感じた。

ここで、少し長くなるが、これらの書物を通じて私の感じたことを、まとめておきたいと思う。

私は、『原理講論』や文先生のみ言《ことば》を学び、実践してきたのであるが、実はある限界にぶち当たっていた。

『原理講論』には、人間と宇宙は神様が喜ぶために創られたとある。それならば私たちの目指す理想世界は、究極的には、喜びの満ちあふれる世界にならなければならないのに、私の中にその青写真がはっきりとしていなかった。『原理講論』だけを幾度繰り返して読んでも青写真はある程度にしかならなかった。

＊7　統一原理から導き出せる思想すなわち、文化や社会構造まで幅広い分野の問題を解決できる思想を提示。

＊8　共産主義理論の批判と代案を提示し、世界の各地における共産主義の侵略から人類を守るための活動をする人の助けとなるようにまとめられた本。

＊9　「統一原理」の基本的な教えと、キリスト教の主要な教派の神学思想を比較検討する。著者の金永雲氏は、スウェーデンボルグに詳しかったので、霊界に関する記述は圧巻である。

理想世界では、働くことはもちろんのこと、科学を研究すること、芸術を楽しむこと、思索に耽《ふけ》ること、旅すること、すべてが神と人との喜びとなるはずであった。

しかし、現実の世の中を、そして、いま理想世界を目指しているはずの自分自身を、見つめてみると、余りにも喜びということから離れていた。

たとえ現実がそうなっていなかったとしても、（神様の）創造理想さえ、はっきりつかめていたなら問題なかった。しかし、『原理講論』の中に示されているものだけでは満足できない状態であった。

私は統一思想を読み、その明快さに驚いた。（宮村氏から最初に内容を問いつめられた）原相論というところには、神様の創造のプロセスがより詳しく、理性的に納得できるように書かれていた。そこでは創造のプロセスを、ロゴスの形成と新生体の形成という二段階に分けていた。ロゴスの形成とは、人間でいうならば、構想、設計図を考える段階に当たる。

被造世界の構想はただ一回で決定してしまったのではなく、構想を「練り直すこと」もあったというのである。

さらに、原相論には、神の創造の理由が以下のようにはっきりと表現されていた。

「愛を通じて喜びたい」という、何ものによっても抑えがたい衝動、それが神の創造の理由である。特に、我が子として人間を創造され、その子を愛したいという抑えがたい衝動をもっておられた。

そして、被造世界の構想を考えるときも、実際に生み出すときも、片時も、この喜びへの衝動という出発点から外れることはない。これらのことは具体的に表現すると、我が子、アダムとエバを心に描きながら、宇宙そして地球のすべてを、アダムとエバの喜びのために、「あれがいいか」「これがいいか」と構想を練り直しながら、能力のすべてを投入してつくられたということである。

本性論のところを学んだときは、神の似姿としてつくられた人間の本性も、原相論での神性と同じく、片時も愛と喜びから離れることはできないことが、頭の中できちんと整理された。そして、学ぶこと、考えること、仕事をすること、スポーツすることｅｔｃ、すべてが愛と喜びのうちになされうることがようやく分かった。

喜びのために「愛し、愛されたい」という想いが、誰のうちにも与えられているので、「愛し、愛される」中に最高の喜びが湧いてくることも納得がいった。子供は親に愛されたいという抑えがたい衝動をもち、愛し合うことを願い、親になれば、子供の喜びのためにすべてを投入したいと願うようになる。そのように創造されたと書かれていた。

監禁されているという追い詰められた環境で、統一思想を学び、理解することができたことに、神様の大きな愛を感ぜずにはいられなかった。

さらにこのとき、『共産主義の終焉《しゅうえん》』で勝共理論を深く学んだ。

共産主義理論は、若者の心、特に、人生の矛盾および社会の矛盾に悩んでいる若者の心をとらえる力があった。

私自身も共産主義に魅力を感じたことがあった。

高校時代、倫理社会の教師は、半年間、狭山事件を考えさせたのち、残りの半年間、人間疎外論から始まって、唯物弁証法、唯物史観、労働価値説など、マルクスの共産主義理論のあらましを講義した。また、世界史では、ロシア革命についてかなり詳しく講義があった。世界史の先生から、「全世界の労働者よ！　団結せよ！」と語られたときは、大学に入ったなら、共産主義をかかげる団体に一度は触れてみたいと考えた。しかし、私の入った大学は地方の医科の単科大学であったので、そういう団体が一つもなく、その考えは実行されなかった。

一つのユートピアを目指した思想によってソビエト連邦、東欧、中華人民共和国などの国家が変革されたというのは歴史的事実である。しかしながら、それらの国家の侵略的性格、指導者の独裁、経済的困窮なども明らかだった。一体どういうことなのだろうか？

その疑問に人間の心理をも考察して理論的に答えてくれるのが、この『共産主義の終焉』

という書物であった。まず、マルクスがどのようにその思想を形成していったのかを分析し、理論の一つ一つの誤謬《ごびゅう》も明らかにし、なぜ、その理論による国家が悲惨な状況になってしまったかを論理的に説明してくれている。この勝共理論を学ぶことにより、統一思想が今までのどんな哲学よりも共産主義理論を説明する力において優れていることがはっきりと分かった。

マルクスはどうして共産主義理論をつくりあげたのか？

彼を執拗《しつよう》に追い詰めるプロシア（ドイツ）に対する〝憤激の情念〟が彼をして革命論へと駆り立てていったのであった。

さらにもとを正せば、幼少期からの宗教への憎悪と反抗心、神の否定、神への復讐、そういう思いがマルクスの思想形成の根本的動機となっていた、との説明はよく納得できた。

その理論に従った共産主義者たちが、怨念と復讐心理を原動力としながら、はじめは労働者階級の代表、人民の代表を自称しながら、結局は自己中心的な愛と欲望に支配されて、人民の抑圧者に変わっていったのは、しごく当然だった。

勝共理論を学ぶこと、そして、共産主義国家の現実を見つめることを通して（折しも、金賢姫《キムヒョニ》の北朝鮮の実態を示す告白書、東欧諸国が監視国家であった実態をあかすテレビ番組、書籍などが多数あった）人間の生活、人間社会にとって、宗教、無形なるものへの畏敬の念、そしてさらには、神の愛が絶対的に必要であることがはっきりと分かった。（神の愛は現実生活の中では、親の愛、父母の愛としてあらわれてくるもので、宗教というものに限定されるものではないと思う）。

共産主義という徹底した無神論による歴史的大失敗によって、それは私ばかりでなく多くの人の目に明らかとなったはずである。

この勝共理論を学ぶことで、統一原理が宗教哲学を志す人たちだけでなく、政治的な指導者にとってもぜひとも必要であることが良く分かった。二〇二一年一月のNHKの番組「100分de名著」に、『資本論』（カール・マルクス著）がとりあげられていて、今の現実社会の問題解決に彼の思想が有用だという考え方が紹介されている。日本の多くの人々は、ロシア、中国、北朝鮮の脅威を感じている。共産主義理論の悪なる本質をはっきり知らずして、希望は見えて来ないのが現代であると思う。この神なき宗教である共産主義に対して神の愛と真理をもって、徹底的に戦い続け、世界中（特にアメリカ）で活動してこられた文鮮明先生が世界人類の救世主であるという確信は確固としたものとなった。〈文先生がいかに共産主義と戦われたかについては、私が監禁から解放された後、出版された『神の代辯者《だいべん》』（田井友季子著　世界日報社刊）および『世界最強の新聞』（戸丸廣安著　光言社刊）に詳述されている。さらに詳しく知りたい方は、「主の路程」と『御旨と世界』について、学ばれれば良いと思う〉。

統一思想と勝共理論を学ぶことにより、統一原理そして文先生への確信は、自分個人に絶対必要という次元でなく、世界の指導者の方々にとって、歴史の先駆者の方々にとって絶対必要という次元にまで高まった。

このように私の中での統一原理と文先生への確信はますます深まっていったが、二千年間、キリスト（救世主）の再臨を待ち続けてきたキリスト教にとって、果たして、文鮮明先生という人物は、救世主たり得るのだろうか？

私にとって確信が深まれば深まるほど、この疑問も強くなっていった。

この私の疑問にきちんと答えてくれたのが『統一神学』（金永雲《キムヨンウン》著）であった。

著者は、日本の関西学院大学神学部を卒業し、カナダのトロント大学イマニュエル・カレッジを卒業した。そして韓国梨花女子大学の組織神学教授をしていたとき、統一教会に入教している。

これを読んで、キリスト教徒と指導者が悩み続けてきた課題や問題点を知ることができた。それらに対して統一原理が解答を提示していることをよく理解できた。

神の実在と本性、家庭の重要性、霊的世界に関する記述などは、クリスチャンにとっては、目新しいと言える内容かもしれないが、新しい希望の光を投げかけてくれるのではないかと思う。

特に、「心情の神」という項目の「もし〝心情〟が人間の人格性の内的核心を象徴するものであり、また、神は〝心情の神〟であるならば、神は少なくとも我々人間が感じるのと同じくらい深く感じる方である。この世の出来事に対しても、神は少なくとも我々と同じくらい敏感である。……神は〝心情の神〟であるため、被造世界の中で起こるすべてのことによって深く影響される方であるに違いないのである」（九十二頁）という記述は、すべてのクリスチャンに一度は読んで、考え祈ってみていただきたいと願う。

また、原罪論、イエスの使命、キリスト論では、もはや、人間的知恵では、統一見解を出すことの難しいほど意見の分かれてしまった問題（罪そしてメシヤという問題）に解決の光を与えていると思った。

この『統一神学』を学び終えた後、私は、今後いくら長い間、監禁状態の中で、反対する人たちの意見を聞いても統一原理に対する確信が崩されないだろうと感じていた。ましてや〝反統一教会グループ〟の人々がいう「まったくデタラメで意味のない理論」との考えに同意することをありえないと思った。こんな素晴らしい書物をゆっくり学べたことを神に感謝した。

三冊の書物を学んで精神的にはゆとりが生まれた。もう、「信仰を失う」という恐怖はなくなった。

夜八時を過ぎると、よくT氏が来た。彼は『原理講論』『御旨と世界』、それに関連する聖句、統一教会でキリスト教と統一原理の比較研究をしている書籍などをよく読んでいた。そして、その矛盾点やあら探しなどをよくしていた。

ある時「『原理講論』では聖書を研究したと書かれているが、聖書と『原理講論』は言っていることが全く逆じゃないか。旧約聖書はイスラエル民族の信仰の失敗をテーマに書かれているが、統一原理では違うように解釈している」と言ってきた。

そこで私は（東京のマンションで旧約聖書は読み終えていた）「そんなことはない。たとえば旧約聖書はいかにイスラエル民族の指導的人物が神への信仰を立て（信仰基台）、いかにして民族全体としての秩序を整えてきたか（実体基台）が一貫して書かれてある。つまり『原理講論』の主要なテーマである〝メシヤのための基台〟〝復帰〟について書かれているではないか」と自信をもって反論すると、「こんなに原理と聖書を学んでいる食口《シック》（統一教会員のこと）と会ったのは初めてだ」と言って、退散してしまった。

当然、私の聖書に対する知識は不十分極まりないものであった。しかしそれでも、T氏が出会った元信者よりは、少しは理解が深かったのであろう。実際、私の出会った元信者のほとんどは、「文鮮明は聖書のいうメシヤではあり得ない」と断言しながら、その方自身は肝心の聖書を学んでいなかった。

マンションの中で多くの話を聞いたが、いくつかのことは心に残った。

M氏はいつも「あなたのやってきたことは犯罪だ。犯罪行為なんだよ」と迫ってきた。別に彼は警察官でも、裁判官でもなかったし、私のそれまでの考えも行動も、生活についても彼はほとんど何も知らなかった。それを何の迷いもなく、断言するのである。「統一教会＝悪」という、まさに〝思い込み〟の世界であった。

多くの監禁された状態にある統一教会員は、彼のこの言い方にショックを受けるらしい。何らかの情念に裏付けられた〝信念〟や〝思い込み〟とは、確かに人の心を動かす恐ろしい力をもっていた。

T氏やM氏以外にも、数多くの元信者とここで論戦をした。その一人一人が、今でも懐かしく思い起こされる。

彼らは〝現〟であろうが、〝元〟であろうが、〝反〟であろうが、統一教会を離れては生きることのできない一人一人であった。統一教会という宗教によって、神との出会いという心の奥深いところの恵み《・・》をもったからであろう。

何とか彼らが自らの心の中で味わった恵みがかけがえのない貴重なものと感じてもらえるようにしていきたい。日本が形式的な平等や自由以上に、「内心の自由」を尊重する国になるようにしていきたい。

五、柏崎市のビジネスホテルへ

新潟に移されてから一カ月たった八月十三日の夜、弟から「ここも移動することになった」と告げられた。

この時は、家族のようすでうすうす感づいていたので、さほど驚きはしなかった。そのころになると、脱出は無理だと分かって、もう逃げようという気にはならなかった。

この時の移動の際、車を運転したのは、東京から新潟に移動したときに新潟で迎えに出てくれたT氏であった。

マンションを出た車は南方向へ走った。真夜中で、あたりは真っ暗ではあったが、わざわざ海岸線を走ってくれたので、長い間外を見ていなかった私にとっては、とてもうれしかった。その時は、T氏や弟とも〝普通の会話〟ができた。

車が向かっていたのは柏崎市であった。

ビジネスホテルに着くと、元信者十数人が入り口の所で待ちうけていた。ここでは二カ月ぶりにテレビのニュースを見ることができた。また、弟の薦めで三浦綾子さんの小説『氷点』『続氷点』なども読んでみた。ホテルの部屋は狭く、家族での話し合いはほとんどできない状態であった。

柏崎市在住のMさん夫妻が訪ねてきた。Mさんのことは一緒に活動したこともあって、よく知っていた。

彼が拉致・監禁されたときも、私は同じ教会に所属していた。彼は初め松永牧師から説得を受けていたが、そのときは「原理は真理である」というところから一歩も動こうとは思わなかったという。

しかし、宮村氏が訪ねてきて、そのかたくなな自分の胸ぐらをつかんで押し倒した。そのとき、眼を覚まさせられたような気がしたそうだ。それでもう一度原理を見直してみようと思ったという。

M氏は、こんなことも話してくれた。

半年くらいは「予定論」について悩んだそうである。カルヴァンの主張より原理のいっているほうが正しいのではないかと思ったこともあった。

そんな時はいつでも浅見定雄氏の本で、原理の誤りを繰り返し勉強した。今でも手元において時々は読んでいるという。絶えず統一原理を批判的に学ばないと不安なのかもしれない。

3つめの監禁場所、柏崎市のホテル・サンシャイン

彼が原理が間違いだと気づいて、まず思ったのは、女性と早く付き合いたいということだった。それは悪いことではなくなったのだから、と……。

そして、六五〇〇組の国際合同結婚式に参加した後で監禁され、説得されて統一教会の信仰を捨てた、現在の奥さんと出会って結婚したのだという。

私はその身の上話を聞きながら、彼は統一原理の教えを完全に否定できないでいる、棄てきれていない、今でも許される道があるなら、統一教会に戻ってきたいと思っているように感じた。

六、上越市のアパートで

柏崎市のビジネスホテルに移ってから十日ほどした八月二十四日夜、また監禁場所が替わった。

今度は熊木敏夫氏という人物が車の運転を務め、上越市内の二階建てのアパートへ移動した。東京、新潟市、柏崎市では六階以上の部屋に閉じ込められていたせいもあってか、ここでも窓は閉めきられ、ドアにも逃げられないようにチェーンが付けられていたが、二階だということで、少しホッとした。

この時も元信者十人ほどが見張りを兼ねて、出迎えていた。

翌八月二十五日のこと、統一教会の国際合同結婚式のことが大々的に報じられているスポーツ新聞が差し入れられた。自分も参加を希望していただけに、参加できなかったことは残念で悔しかった。この日の一般紙の一面が、韓国と中華人民共和国との国交樹立の記

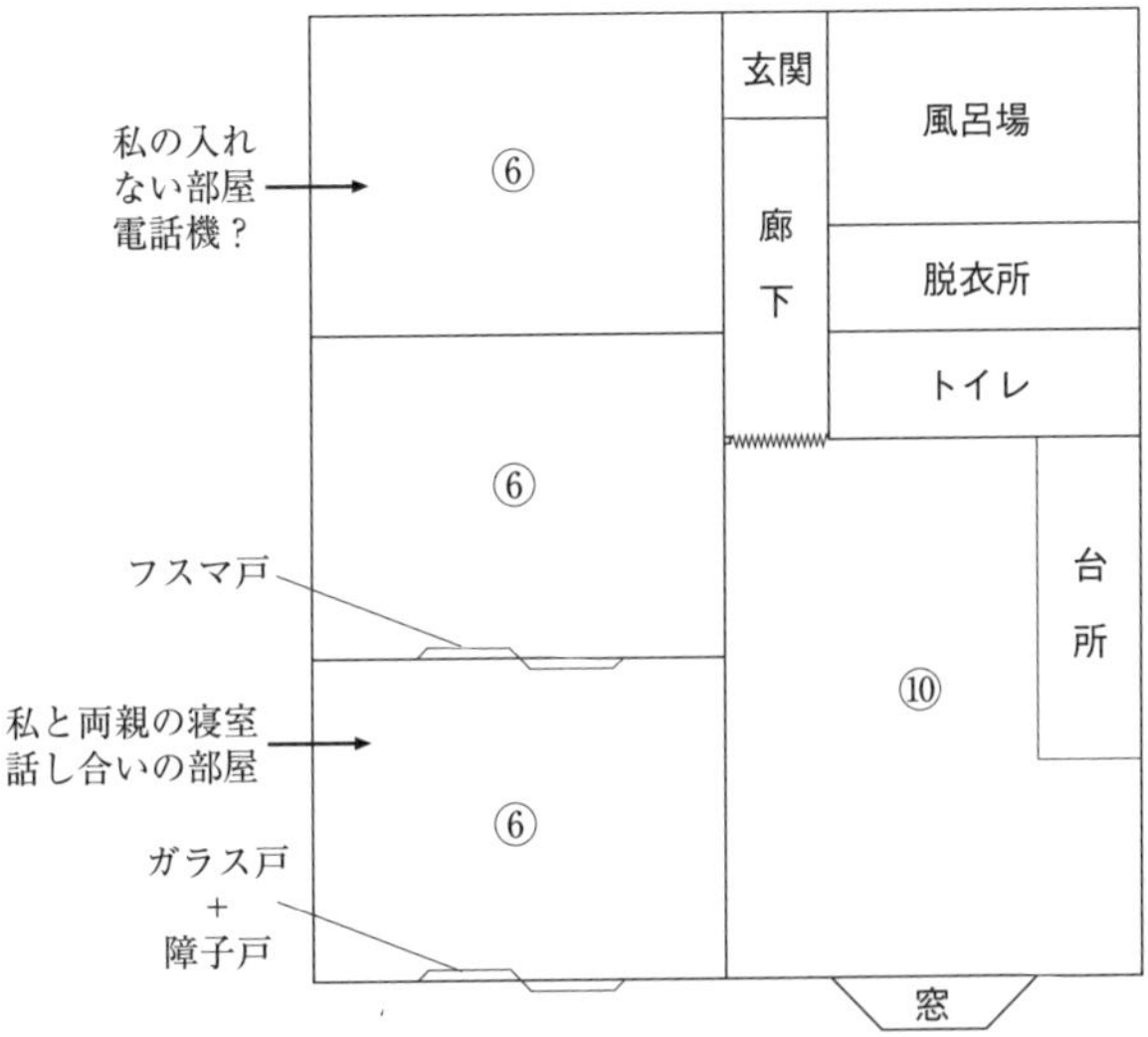

4つめの監禁場所、上越市内のアパートの見取図

事であることも印象に残った。

合同結婚式のテレビ放映のようすは、あとになってビデオで見せてもらった。

熊木氏は連日私の部屋を訪ねてきて、様々な話をして帰っていった。宮村氏や松永牧師に比べて穏やかで、あまり感情的になったりはしなかった。

〝祝福〟と〝文鮮明師〟の話題で一度だけ怒ったときでも、それ以上に私が怒ったのでそれ以後は怒らなくなった。その代わり、多くの資料を持ってきてくれた。世界史の参考書、韓国のシャーマニズムに関する本、ヘブライ語聖書、英訳聖書、聖書の注解書などであった。

そして、信仰歴も五年以上あり六五〇〇組の合同結婚式に参加して、その後、監禁されて説得を受け、離教したメンバーを連れてきた。

あとから聞いたところによると、信仰歴二、三年のメンバーだと、おそらく私がバカにして話を聞かないと思ったからだということだった。

しかし、熊木氏にしてみれば、選りすぐったメンバーも、私にしてみると、統一原理の画期的内容については全く無知の人たちであった。ただ、感情的になって、統一教会のスキャンダル的内容を繰り返すだけであった。彼らには、私の感じた統一原理の素晴らしさを受け入れる心のスペースがなかった。


熊木氏は、初めにYさんという六五〇〇組の合同結婚式で、韓国の男性と祝福を受けたという人を連れてきた。

彼女の母親は、彼女が六五〇〇組の合同結婚式で韓国にいる間に自殺してしまったのだという。その母親は〝反統一教会グループ〟から教育を受けており、そこで「統一教会の行いの中でも、合同結婚式への参加は最悪のもの」と教えられており、思い詰めたのではないかという。

父親が教会を通じて韓国にいる彼女と連絡を取ろうとしたが取れないまま、帰国後、彼女が家に連絡を入れたときに母親の死を知ったという。

母親の葬式のときには情報が伝わっていなかったのか、教会から参加してくれる人は誰もいなかった。その後も誰一人として訪ねてくれる者はいなかった。その時に、彼女は「教会は冷たい」と感じたという。

ところが母親を教育していた宮村氏は、わざわざ東京から何度も足を運んできてくれたそうである。この宮村氏の姿勢が、反対派を忌み嫌って拒否していた彼女の心を開き、その言葉を信じさせたようであった。

彼女は説得を受けて教会を脱会し、入教以前の恋人と結婚した。私の所に来たときには、すでに彼女は二女の母であった。

この時、私と話している間には、彼女の目に母親らしい優しさは見られず、統一教会への怒りと憎しみに燃えているように見えた。

私は、彼女の語る詳しい事情が分からないこともあり、一言の弁明もできなかった。その彼女は統一教会に対する〝青春を返せ訴訟〟[*10]の中心になっているらしかった。

＊10　拉致・監禁などによる強制改宗を受け、教会を脱会した元信者が、入教後の信仰生活などについて「貴重な青春を奪われた」として、各地で統一教会に対して損害賠償を求めた裁判。新潟県ではその大半が拉致・監禁された信者が起こしている。後に詳述。

熊木氏は、続いて同じ六五〇〇組で韓日祝福を受けたSさんを連れてきた。彼女もホテルの一室に両親と親戚らによって監禁された人であった。

彼女は勤め先の販売代理店で販売員として高額の商品をかなり販売したという。

やせ型で色白、目つきも鋭い、見るからに思い込んだら一途に突っ走るような人だった。

監禁された当初、彼女はお客さんに対したときと同じように、断定的に両親や親戚にも話したという。

彼女は特に、統一原理の中の、堕落論の遺伝的罪について、極端に重きを置いてしまっていたようだった。あまり『原理講論』を全体としては勉強していなかったのだろう。

彼女は熱心に語ったが全く受け入れてもらえずに、逆に両親や親戚から「あなたが言っていることの裏付けとなる統一原理が間違いだったら大変なことだ」と追及された。

そこで、慌てて彼女は『原理講論』を調べ始めたが、だんだんと反対派の主張する表現上のミスに惑わされてしまい、自分の語ってきたことが〝誤り〟だと思い込んでしまったようだ。〝誤り〟だと気づいたからには、そのまま活動し続けることはできない。

監禁によって信仰は捨てても、自分自身は合同結婚式で結ばれた相手と一緒になれば幸せになれるのではないかとも思ったという。しかし、さらに説得されて多くの食口《シック》（統一教会員）は、統一原理を真理と信じて、苦しい犠牲の道を歩まされている。それを見過ごすことはできない。その人たちにも統一原理と教会に疑問をもってもらえるよう、統一教会を脱会し、祝福も破棄しようと決意したということだった。

自分がやめれば、統一教会に対してその影響はかなり大きいはずだと思ったという。

また、彼女は韓国人の食口の多くが、日本人ほどは文鮮明師を崇め奉っていないことを身をもって体験したという。合同結婚式の会場で文師が話を始めても、韓国人は相対者と話してばかりいて全然聞いていなかったそうだ。また、聖日[*11]に敬礼式[*12]をやっている人も少ない、などなど……。

彼女は、私が脱会を偽装しているとき、「統一教会への恨みを力にしなければ、生きていけないわよね」と本音を語っていた。

松永牧師のほうは、週に一回くらいの割合で訪ねてきた。

車で片道二時間以上もかかるところをである。このように牧師が脱会活動に狂信的になっていることは、統一教会への憎悪と怒りが並大抵のものではないことの証明だった。

＊11　キリスト教において、日曜日を指す言葉。当時、家庭連合でも日曜日を聖日と呼んでいた。
＊12　家庭連合で最も重要視する伝統の一つ。神様と、真の父母である文鮮明・韓鶴子総裁に敬礼などを捧げる儀式。

牧師自身はそれを〝神からの使命〟と思い込んでいたのだろう。

牧師は元信者をその度に連れてきた。話はいつも平行線であった。話し合いの最後には、必ずイエス・キリストの御名《みな》によって祈ってから帰るようになった。

十月に入ると、その年の八月二十五日に韓国・ソウルで行われた三万組の合同結婚式に参加したという人を一緒に連れてきた。

説得されたとはいえ、あまりに短期間のうちに心を変えてしまう人の姿には驚かされた。Fさんは、何人かの信者と一緒に全国を回りながら珍味売りをやっていたという。非常によく働く人のようで、この時にはすでに牧師の片腕のようになって走り回っていた。

合同結婚式のとき、文鮮明師を見ただけで結婚相手の男性は涙を流していたが、彼女は感動とか感謝とか、そういう気持ちが全然湧いてこなかったという。

相手の人は心臓の悪い人だったらしい。帰国後、彼女は結婚式の費用を親から出してもらおうと思い、家に戻ったところを捕まって監禁され、ほどなくして脱会を決意したという。

若いメンバーの中では、山形県出身のOさんというメンバーが印象に残っている。

韓国動乱の時、北朝鮮から南に逃れる際に文師が朴正華《パクチョンファ》氏を背負って海を渡っているところとされていた写真が、実は別人の写真であること。また、二十一日修練会で使用されている主の路程（文鮮明師の歩み）の資料の中で「文鮮明がイースターの日にイエスから啓示を受けたとされているが、文鮮明のいう日はイースターの日でもなんでもない」などと指摘してきた。

私は、彼女の指摘した写真が文師とは別人物のものであることを既に知っていた。その写真は、別に統一教会が捏造《ねつぞう》したものでも、作為的に文師のものと断定したものでもなかった。たまたま、韓国動乱の時、文師と朴氏が南に逃れる状況を伝える写真として説明のために利用されていたものが、本人たちの写真として一人歩きをしたに過ぎなかった。その背景には朴正華氏がその写真を自分たちが南に避難するときの写真であると断定したことも一つの大きな要因としてある。

また、主の路程の資料に関しては、かりにそのようなミスがあったとしても、自分自身の信仰の本質とは関わりなかったので驚きはしなかった。

彼女は、何の精神的ダメージをも受けていない私のようすを見て、「これでもダメ？」と少しガッカリした表情で聞いてきた。

私が信仰生活で確信し希望に思っていたのは、文先生の外的歩みや言葉よりも、歩まれる中で勝ち取られた〝心情圏の素晴らしさ〟にあった。

心情圏の素晴らしさとは、喜びも、悲しみも、苦しみも、誰よりも深く敏感に感じるお方であるということである。文先生に直接接した信者は、自分の通過した悲しみや苦しみを、文先生が自分と同じように、いや、自分以上に感じてくれていることが分かるのである。その証《あか》しを聞く信者もその世界（心情圏）を追体験できる。この心情圏のリレーで、私も文先生の心を少しでも知ることができていたことが〝私の信仰の原動力だった〟。

だから元信者のとらわれてしまっているもの（統一教会への批判、『原理講論』の表現に対する非難）と、私が統一原理と文先生に対して感じ続けてきたものとは、接点を結び難かった。

九月も末になって、東京から宮村氏が元信者数人を連れて訪ねてきた。そのメンバーの中に、私が六月に監禁される直前まで一緒に教会の集会に参加したりして交流のあったKさんがいた。一瞬、自分の置かれている状況が分からなくなるほどびっくりした。私はKさんと目を合わせてはいけないと思い、宮村氏をしっかり見据えていた。宮村氏とまともに話したのは、この時が初めてだった。

私は「統一原理は話だけでは分からない。生活を通してでなければ本当の意味では伝えられない」と訴えた。

宮村氏は「どうせ、お祈りとか何とか言って、ブツブツまじないを唱えるところを見せるんだろう。おまえらのは、お祈りじゃなくて、まじないだよ。まじない！」と嘲笑するかのように言い放った。

〝祈り〟は、人間ができる行為の中で最も貴重なものと自分は思っている。それは、統一教会の教えを聞く前の天理教で学んでいたときの体験からもそう思っていた。

宮村氏が宗教を真剣に学んだ経験や、宗教を通して何かの悟りを求めた経験が乏しい人であることがわかった。そうでなければ、〝祈り〟を〝まじない〟とバカにすることなど決してできないであろう。また、宗教だけでなく哲学、宗教学、心理学、生理学についても、彼は知ったかぶりをして話をするのだが、その実、ほとんどが聞きかじりのものであるということが、そのときの話の端々にうかがえた。

説得されて信仰を棄ててしまう統一教会の信者のほとんどは、そういう学問の専門的知識がないので、この宮村氏の話術に引っかかってしまうのではないかと思えた。

宮村氏は「神経細胞のように有限なもので、無限な神について考えたって分かるわけないだろう。そんなのはすべて思い込みにすぎない」などと、自身の浅学な知識を振り回し、知ったかぶりで説得しようとしていた。大脳生理学についても、宗教心理学についてもあまり学んだこともなく、学んでみようとする気もないということは明らかであった。

独断と思い込み、決めつけ、そして脅しとも言える説得法。これが宮村氏のパターンだった。自らの学問的土台がないゆえに起こってくる耐えざる不安と自信の無さのせいなのか、ここでも話している間、彼はずっとタバコを吸っていた。

翌朝、再び宮村氏と松永牧師、そして四、五名の元信者らがやって来た。ちょうどその時、私は家族に「こんな環境でいくら話し合っても、互いの理解を深めあうことはできない。もっと自由な立場で話し合うべきだ」と説得していた。

真剣に話しているところへ宮村氏が闖入《ちんにゅう》してきたので、私は「あなたのやっていることも言っていることもすべて偽りだ。松永牧師はまだ聖書を信じているので許せるが、宮村さん、あなたには偽りの、偽善の博物館ができる！」と叫んだ。

家族は逆上して私を殴ってきた。右の頬を殴られたので左の頬を出した。

この時は、いやと言うほどメチャクチャに殴られ、蹴られた。

私はこの時初めて、マタイによる福音書五章39節にある、「あなたの右の頬を打つような者には、左の頬も向けなさい」（新改訳より）と語られたイエス様の気持ちが、少し理解できたように思えた。百回この箇所を読んでみても、実際その信仰のゆえに右の頬を激しく殴られた経験のある者でしか、ここは理解できないのではないかと思った。

私の罵りに、さすがの宮村氏もようすが険しくなった。彼は「少しの間、外に出ていてください」と、家族たちを部屋の外に出した。

威圧感で私を怯《おび》えさせようと思ったのだろうか、宮村氏は無言のまま私を睨《にら》みつけてきた。私も睨み返した。

長い時間がたった。

二人きりで威圧されると正直恐ろしかった。もし私がここで「おまえは偽善者だ」と叫べば殺されるのではないかとさえ思えた。

今思えば、「偽り」「偽善」と言われて、宮村氏は相当怯えていたのではないかと思う。宮村氏が東京に戻ったあと、KさんとTさんの二人が「生活を通して原理を教えてもらいに来ました」と言って、泊まりに来た。

私が宮村氏に「生活を通じてでないと統一原理の本当のところは分からない」と言っていたので、もはや従来どおりの説得では限界があるということで宮村氏が指示したのであろう。

二人ともきれいな女性だった。いよいよ最大の試練の時かと思い、翌朝は非常に緊張して早く目が覚め、「神よ。守ってください」と真剣に祈った。

彼女らは来るなり、「説得する気はないし、勉強の邪魔はしない。自分のスケジュールどおりにやったらいい」と言った。そして私の前に座って、本（聖書やその関係書）を読み始めた。昼近くになって、本を読むことに疲れたのか、話しかけてきた。

Kさんは、以前に私と面識のあった方であった。いろいろ話してくれたが、印象に残った言葉は、「統一教会に〝真《まこと》の愛〟はなかった」ということだった。

彼女は統一教会で神様の選ばれた自分にもっともふさわしい男性と出会い、理想的な結婚をすることを願っていた。ところが、実際に合同結婚式で出会った男性とは、なかなかうまくいかなかったらしい。彼女が期待したかたちでの愛が、思い描いていたとおりの男性との出会いが統一教会にはなかったのだった。彼女は、脱会から約一年たって、元信者のT氏と結婚した。

もう一人のTさんは、私が新潟のマンションにいたとき二度ほど説得に来たことがあった。女性なのに攻撃的な言葉で問いつめてくる人なので、印象に残っていた。

Tさんは語り始めた。「『原理講論』には表現の上で不適切なところがあると聞いていたので、『原理講論』では戦えないと思った。そして、神に祈った。どうか、聖書から戦えるようなみ言《ことば》を下さいと。そして、与えられた聖句がエペソ人への手紙六章10〜20節だった。『最後に言う。主にあって、その偉大な力によって、強くなりなさい。悪魔の策略に対抗して立ちうるために、神の武具で身を固めなさい。……また、救いのかぶとをかぶり、御《み》霊《たま》の剣、すなわち、神の言を取りなさい。……』

神の言葉たる『原理講論』が間違っていて、果たして悪魔と戦えるわけがないではないか。そう思って、自分の目で『原理講論』が真理かどうかを確かめてみたのだ」

Tさんは続けた。

「まず、教会の組織的活動のマチガイに気づき、次に『原理講論』のマチガイが分かり、さらに文師のみ言にまでマチガイがあった。そして、その路程もイツワリであることを知った。私の信仰の砦《とりで》はだんだんと壊されてしまった。そして、悩んだ末に〝ナーンダ、ウソダッタノカ〟と分かった」と言う。

彼女は、「あなたが真剣にメシヤを信じているのは分かるし、苦労しようとしているのも分かる。でも、そのあなたの上で文鮮明はセックスしているようなものなのよ」と言い放った。

それから数日して、今度はMさんとSさんが泊まりに来た。彼女らも元信者であった。彼女たちが泊まりに来たときは、ちょうど家族に対して統一原理の講義を始めたときでもあり、一緒に二人にも講義を聴いてもらった。

Sさんは講義を聞く中で、「こんなに深く原理を考えたことはなかった」と驚き、途中で気分が悪くなったと言って、その場から出て行ってしまった。

もっと彼女と個人的に統一原理について深く話すことができていれば、もう一度統一原理を信じてもらえたのではないかと思う。その時も彼女は、とても熱心に聖書を読んでいた。講義を聴く前の晩には、夜遅くまで聖書を脇に置いて私に話をしてくれた。彼女はとても純粋な人であった。

その後、Sさんは松永牧師の所で説教を受け、一年間柏崎市の聖書学院で聖書を学んだ。その学院では、聖書や信仰などに関していろいろな違った考え方、またとらえ方をする先生方と出会い、かなり悩んだらしい。

学院卒業後、進路のことで松永牧師とも意見が合わず（どうも松永牧師はこのとき、伝道活動に専念したいと考えていた彼女に、統一教会の反対活動に積極的に参加するよう勧めたらしい）、別の道を歩むようになった。

上越市では、父が毎晩、外に電話をかけに行っていることに気づいた。やがて、それは宮村氏や松永牧師への報告や相談であることを知った。ずっと不思議に思ってきた、東京でマンションに閉じこめられて以来、父の話のコロコロ変わる理由がそれであることに、やっと気づいた。

結局、両親たちは自分で考え、自分で判断していたのではなかった。宮村氏や松永牧師の指示を仰ぎ、その枠の中で考え、語り、そして行動していたのだ。つまり、コントロールされていたのだ。合法であろうが、非合法であろうが、組織のようなものがあり、権威者が立てられると、その人の〝考え〟を上位において考えてしまう、日本人の特性を見ざるをえない。統一教会員のつくった組織にも、〝反統一教会グループ〟にも同じような日本人の特性が顕著にあらわれている。個人の信念や情熱は重視されない！「統一原理を息子がデタラメだと思い込むまで、一室に閉じこめておき、外には絶対出さない」そういう大前提のもとで、家族は私と対峙《たいじ》していた。

家族の意識の上では〝家族の対話〟だったかもしれない。しかし、その対話のようすを毎日、第三者に報告して、その指示を仰いでいる。しかも、ある一つの目的（統一教会の信仰を捨てさせる）をもってである。それが真の意味で対話と言えるのだろうか。

監禁された当初、私は脱出を試みようと思い、いつも監禁の場から逃れることばかりを考えていた。そのせいもあってか、家族に統一教会のことを分かってもらおうと努力しようとする気持ちも薄かった。

しかし、新潟に移されてからは監禁から逃れられないのであれば、何とか両親や家族に統一原理を理解してもらいたいと思うようにもなり、対話をし、講義をし、誠心誠意を尽くして自分のできる限りの努力をしたつもりであった。

けれども、家族が主体的に考えることをせず、ただ松永牧師と宮村氏の思い込みの枠の中にいて指示を受け続けている限り、両親や弟に統一原理の素晴らしさ、文先生の真実の姿を理解してもらうのは難しいだろう。その時から、そう考えざるを得なかった。

七、偽装脱会

十月中旬、熊木氏の紹介で、富田功氏という人物が来た。北関東で改宗活動をしている人である。

富田氏は九二年の三万組の合同結婚式を前後して、よくテレビに出演したそうで、そのことを自慢げに話す人だった。会社に勤めていたころの彼自身の働きぶりを聞くに及んで、誇張もあるだろうが、その内容はすさまじいもので、いったん信じたらとにかく熱心に没頭する人であることが分かった。

しかし、その後『原理講論』を開き、その矛盾点をとうとうと話し始めた富田氏の話の内容に、私はあ然としてしまった。

この人は、統一原理を全くと言っていいほど分かっていないと感じたからだ。

例えば、彼は「『原理講論』の創造原理の序では『人生と宇宙に関する問題は、……神が、いかなるお方かということを知らない限り解くことができない』といい、創造原理の第一節では『被造万物を見ることによって神の神性を知ることができる』といっている。これは循環論法に陥っている」などと、得意げに話してきた。

「人生と宇宙（被造世界）に関する問題は神を知らなければ解けないといいながら、被造万物（被造世界）を見ることによって神を知ることができる」というのは、循環論法だというのである。

第一節でいう「被造万物」とは現存する自然界すなわち被造世界のことをいうのであるが、序でいう〝人生と宇宙〟とは人間や自然の存在目的や矛盾に満ちた人間社会の行くべき方向性などについての哲学的、宗教的内容のことをいっているのであり、被造世界そのもののことをいっているのではない。

統一原理では、作品を通して作者がどういう人であるかを知ることができるように、無形なる神がどういう存在であるのかを知るのには自然界を観察すればよいと教えている。神と被造世界の関係を作者と作品の関係にたとえて考え、作者の見えない性稟[*13]は必ず作品の中に何らかの見える形で現れているということを指摘しているのである。

私はもうこれ以上、反統一教会の人たちの言葉遊びのようなものにつきあっても、何の進展もないしラチが明かないと感じてしまった。富田氏はひととおりの話をすると「もう

＊13　性質、性格。

原理がおかしいと分かったんじゃないの」と私に聞いてきた。

私は、うなずいた。

この時、私はいわゆる「偽装脱会」を決意していた。


それ以後、私は不本意ながらも約四カ月間にわたって、本心とは違った言動を取り続けることになった。

牧師、元信者、両親らの言うことに素直に同意し、言われたことを素直に実行した。

十月末、東京から宮村氏が二日間にわたって訪ねてきた。

私は以前とうって変わって、宮村氏が話す内容に一つ一つうなずき、それを認めたようにふるまった。このときの宮村氏は、統一原理でいう「堕落性本性」の間違いについてとうとうと語った。

また、「統一教会の人間が神の悲しみの心情に触れたなんていうのは、自分が悲しくなってそう思い込んでいるだけだ。それで一人で喜んで〝復活〟した気になっている。また、落ち込むと神の心情に触れたなどと言っている。そして、成長したと思い込んでいる。いくら統一教会に長くいても神に近くなるなどということはない。同じところをただグルグルと回っているだけだ」と〝分析〟していた。

何も分かっていないなと思った。

教会員全体の意識調査を行ったこともないくせに、自分が接触し得た統一教会員か元信者らの情報だけをもって、しかも頭で考えただけで断定できるとは、どちらが思い込みであろうかと思った。しかし、宮村氏や反対牧師などの教育で子供を統一教会からやめさせたい親からすれば、これだけ堂々と言ってのけられると、大抵が納得させられてしまうようだ。

このとき宮村氏は、こんな話もした。

「韓国には統一教会の実態の調査のために何回も足を運んだ。金百文のイスラエル修道院も探しあてた。山の中にあって、随分捜しまわった。その屋根をやっと見つけ、そこを目指して走って行ったときが、私の人生で最も興奮した瞬間だった。金百文自身には会えなかったけれども、『日本人で訪ねてきたのは三人目だ』って言われた」

それらの話を聞きながら、統一教会に反対することは、宮村氏にとって手段であると同時に、偏執的とも言える目的（つまり、彼の生きがい）になっているのだと感じた。

東京から六五〇〇組の元信者Oさんが二日間、六〇〇〇組のW氏が二日間、いろいろな話をしに来た。二人とも統一教会の信仰をもち、仕事をしていたときは、それぞれバリバリ頑張っていたとのことだった。

「〝鬼平犯科帳〟って知ってます？　これ読むと結構現実を忘れられるのよ」

そう言ったOさんは、現実に失望し、逃避したいと思っているように見えた。

家族と親族らに拉致され、長期間監禁され牧師などから説得されて脱会を決意した彼女は、統一教会をやめてからは、本当に勝手気ままな生活をしたらしい。しかし、二年近くたった今も、人生には何の指針も、何の目標ももち得ず、寂しさが感じられた。

「教会に戻りたいという気持ちがあるんだなあ。戻ったら、また意欲をもって生きられるのに」

私はそう思った。

「さらに組織としての、宗教団体としての教会に戻らなくても親なる神様との出会いをふり返り、交わりを再開すれば、何らかの導きを神様は備えてくれるはず……」

こう本当の思いを言葉にできないことが申し訳なかった。

W氏は大学生のとき、統一原理を研究する学生の団体である「原理研究会」に所属していたこともあり、かつてアメリカで牧師を渉外していたという経験をもった人であった。理性的な香りのする人である。

彼から、彼自身が〝マチガイ〟に気づくまでの経緯を聞かされた。

彼は六〇〇〇組の合同結婚式に参加していた。彼がアメリカにいるとき、彼の結婚相手は日本にいた。その彼女は仕事と信仰との狭間にぶちあたり悩んでいたという。そして、そのころ、統一教会員に対する積極的な脱会の働きかけをしていた荻窪栄光教会の森山牧師のところへ行き、そこで宮村氏の話を聞いて脱会してしまったそうである。

彼は急遽《きゅうきょ》、アメリカから戻ってきた。そして、統一教会で信仰指導をしている担当者とともに、彼女に信仰を取り戻してもらおうと努力をした。ところが、彼が悩んで一生懸命になっているにもかかわらず、他の教会員は仕事が忙しいといっては何の協力もしてくれず、その態度は極めて冷ややかに見えたという。

彼女のほうはといえば、宮村氏からマンションの一室をほとんど無料で使わせてもらい、自由に勉強させてもらっていた。彼女は宮村氏と教会の担当者に議論してもらい、その双方の意見を聞いてどちらが正しいか判断したいと言ってきた。

その提案を担当者は「自分は原理を聞いた土台のない人に話はできない」と断ってしまったという。彼女を助けようとしない姿を見て、彼は非常にショックを受け、見捨てられたと思ったそうである。

そして、「誰も真剣に考えてくれない。教会は余りに冷たすぎる」

やがて統一教会、さらには統一原理を否定せざるを得ない心境になったという。

彼は必死に考えた末、勝共理論が共産主義に対して行っている論法をもって、統一原理も否定できるのではないかと思ったという。

彼の説明では「共産主義思想は自然界に対していくつかの特殊な事例をあげてその共通性を指摘してそれを普遍的なものであるかのように断定して論理を展開している、として勝共理論はそれを批判している。だから、逆に、統一原理の陽陰の二性性相もそうなのではなかろうか」と、自分に諭すように語った。

さらに、「共産主義思想は前提とするものが結論であることがよくあり、それを循環論法というが、統一原理の神の実在証明などはまさにそれに当たる」と付け加えた。

その後、彼は〝歴史の同時性〟の誤りだと思う部分について話してくれた。寸暇を惜しむかのように語るその話のいくつかは、私にとってためになった。

彼はときどき、離教しかかった教会員に話をしているそうであるが、ある人に「久しぶりに原理を語って復活したなあ」とその心境を吐露したという。

松永牧師は月二、三回のペースでやって来た。そして、今後どうするべきであるかを指示してきた。

その指示内容は、次のようなものであった。

・統一原理の間違いの整理
・聖書の正しい読み方
・親子の信頼関係の回復
・被害の回復
・社会性の回復

牧師はそれらをレポート用紙に書いていった。

そして、統一原理の間違いを整理するために、統一教会批判の急先鋒である浅見定雄氏の批判書を読んで自分なりにまとめ、その感想文を書くことを指示した。

後日、松永牧師は「信者の方々に対して浅見氏に旧約聖書学ということでなら、話をしてもらえるが、信仰という面では話をしてもらうわけにはいかない」ともらしていた。

松永牧師は保守的な福音派（聖書は一言一句、神の言葉と主張）のクリスチャンであって、信仰的には浅見氏（リベラルな立場すなわち、聖書を学問的に分析する神学）と一線を画している。しかし〝統一原理をマチガイと思い込ませる〟という目的のためには、神学的、信仰的な立場の違いは問題にしていないようだった。

聖書の〝正しい読み方〟については、松永牧師が来るたびに聖書学の講義などをしてくれた。その中で、ユダヤ人がどれほど聖書の一言一句を大切にして保ち続けてきたかを知ることができた。

親子の信頼関係の回復のためには、まずよく祈り、謝る気持ちになったら謝るように、と指導された。

〝被害の回復〟については、まずケジメとして〝脱会書〟を書くことを指示され、その後で、知っている教会員の名前、所属教会、住所などをできる限り多く書き出すようにと、そのためのリストアップ表が渡された。また、統一運動にかかわる企業の商品を紹介した人のすべてについて、その人の名前と金額などをリストにまとめるよう指示された。その両方のリストについて少しでも元に戻すこと（脱会させる、返却し、返金してもらうこと）が、責任を取ることであると繰り返し説明された。そして統一教会を訴える裁判にも、できれば参加したほうが良いことをほのめかされた。

松永牧師は、統一運動にかかわる企業と統一教会とが全く同一組織であると考えているようだったが、脱会したふりをしていた私は、これに反論はしなかった。

松永牧師は〝被害の回復〟のため私のやるべきこととして、このような内容をごく優しい口調で話した。そして、「これは強制ではないよ。自分で書きたくなったら書けばいいんだ」とも付け加えた。

けれどもその言葉と裏腹に、これらの渡されたリストを松永牧師が納得するように書かなければ、このまま閉じ込めておかれるのは明白であった。実際に、松永牧師や宮村氏らはこのリストがどの程度書かれているかによって、本人が偽装しているのか、あるいは信仰を捨てたのかという判断をしている、〝踏み絵〟として使っているようだった。

私は信仰を捨てたふりをし始めた以上、これらの要求にも積極的に応じるしかないと腹を決めた。それ以外に監禁から解放される道はないであろうから……。

それに、私が知っているかぎりの教会員や、商品を紹介した人たちのリストアップをしても、それほど実質的には、その人たちに迷惑を及ぼさないのではないかとも思った。

「牧師に信用されるくらいきちんと書いてやろう……」そう決断した私は、思い出す限り教会員の名前を書き出した。そして提出した。

しかしその後、牧師は「霊の子や他の教会員のことより、まず、自分自身がはっきりと原理がマチガイであることが分かることが大切です」と念を押すように言った。

牧師は監禁されている期間、そのリストに一度も目を通すことはなかった。

明らかに〝踏み絵〟だったのだ。

牧師の信頼をかちとったならば、私は監禁状態を解かれ、比較的自由にマンションの出入りができるようになるはずだった。

その時には社会性を回復させるためにと、マンションを出たあとしばらくは松永牧師の教会へ通うよう勧められた。

また、私が統一原理を信じてからの様々な体験談をまとめるようにと指示してきた。神体験、霊的体験などを書き、今はそれらのことをどう思っているのかまで書くように言われた。

私はいくつかのそうした神体験、霊的体験を書き、「それらが単なる思い込み、もしくは悪霊現象だと思えるようになった」と書いた。ところどころには、統一教会や信仰の先輩に対する不平、不満を書き入れ、信用されるようにと細心の注意を払った。

しかし、自分自身が本当に悩んでいたことや、かつ文鮮明師をどうして信じるようになったかについては書かなかった。

また、統一教会に対する批判書『マインド・コントロールの恐怖』（恒友出版刊）『統一協会の犯罪』『統一協会の策謀』（八月書館刊）などの本を読んで、その感想文を提出するように言われた。

私は、感想文をどのように書いたら信用されるかと思いを巡らせながら、さまざまに脚色して書いた。

十一月二日、私の三十歳の誕生日であった。元信者が十数名やって来て、ケーキとジュースで祝ってくれた。

Mさんは「ビールを持ってくれば良かったね」と何度も何度も繰り返したが、この言葉は私を不快にするだけだった。しかし、そうした心の内とは反対に、笑顔をつくり、冗談を言ったりして、その場を楽しんでいるようにふるまった。

ひとたび脱会を装ってしまうと、その後は彼らの言いなりにならなければならない。一心病院への「退職届」、また統一教会への「脱会書」を書いたのも、それを書かなければ、いつまで監禁と説得が続くか分からなかったからである。

松永牧師のもとに私の書いたものを届けると、「公的文書だか私的文書だかはっきりしない」また、「退職届」には私が住んでいた部屋の見取図と、私の持ち物が分かるように書いた書面を添付するようにと指示され、その後何回か書き直しをさせられた。

結局、何回も書き直しをして、「退職届」と「脱会書」を郵送したのは年が明けてからになってしまった。

このころから、夜になると統一教会の信仰歴が二年ほどであったFさんと、その友人たちが訪ねてくるようになった。説得に来るというよりも、いろいろなゲームを持参して遊びに来るという感じだった。

Fさんは純粋な女性であったが、それだけに反対活動も熱心だった。〝統一教会員を一人でも多く救い出さなければ〟と改宗活動に真剣に取り組んでいるようだった。私のところへも週一、二回来た。その度に自分が感動した本を持ってきてくれたり、食べ物などの差し入れまで持ってきてくれた。そこまで気をかけてくれるので、悪い気はしなかった。

私は文鮮明師ご夫妻への信仰と統一原理への確信以外のことは、かなり本音で話した。彼女も素直に意見を述べてくれた。いずれ時が来たときには、文師ご夫妻を、もう一度彼女に伝えるきっかけにしたいと思った面もあった。

しかし、Fさんとの親密な交流は、彼女に男女を意識させる感情をもたせてしまったようで、かえって気まずい関係となってしまった。

脱会を宣言し、彼らの言いなりになってから一カ月以上がたった十一月中旬になっても、私は全く外に出してもらえなかった。

一カ月たっても監禁から解放してくれないことは、私にとって予想外のことだった。「まいったな」と思ったが、「早く出してくれ」と言えば、かえって疑われると思い、じっと黙っていた。「とにかく忍耐しよう。ここは待つしかない」と思った。

そのころは、私の本心を偽りながら「統一原理はデタラメである」「文鮮明はメシヤではない」「統一教会のすべては社会悪である」等々という、反対派の信念とも言える主張に従って話をし、また行動しなければならなかった。

心の糧である『原理講論』『御旨と世界』も意識して読まないようにした。唯一の心の糧は聖書であった。詩篇《しへん》を毎日、二、三篇ずつ読んだ。

「主よ。いつまでですか。
あなたは私を永久にお忘れになるのですか。
いつまで御顔を私からお隠しになるのですか。
いつまで私は自分のたましいのうちで
思い計らなければならないのでしょう。
私の心には、一日中、悲しみがあります。
いつまで敵が私の上に、勝ちおごるのでしょう」
（詩篇一三篇1、2節／新改訳より）

「主よ。御怒りで私を責めないでください。

激しい憤りで私を懲らしめないでください。
主よ。私をあわれんでください。
私は衰えております。
主よ。私をいやしてください。
私の骨は恐れおののいています。
私のたましいはただ、恐れおののいています。
主よ。いつまでですか。あなたは」

（詩篇《しへん》六篇1～3節／新改訳より）

「不法を行う者ども。みな私から離れて行け。
主は私の泣く声を聞かれたのだ。
主は私の切なる願いを聞かれた。
主は私の祈りを受け入れられる」

（詩篇六篇8、9節／新改訳より）

詩篇を読みながら、このうちの半分の作者と考えられているダビデの生涯を、サムエル記Ⅰ、Ⅱから学んだ。聖書の中に赤裸々に記されているダビデの生きざまは、本当に魅力的であった。神への信仰、友への愛、恩人に対しての感謝の念ｅｔｃ、彼の心の世界が詩篇に、うたわれていた。

彼も、かつて仕えていたサウル王に命をねらわれて、長い逃亡生活を強いられる。そのとき、彼が味わった衝撃、怒り、恐れ、憎しみ……私がそのとき味わっているものとあまりにも通じていた。そして、彼は身悶《みもだ》えしながらも、神への信頼と祈りによって、その敵をも愛していったのであった。イスラエルの人々がこよなく慕うダビデ王を、私も愛するようになっていた。

創世記においては、ヨセフの姿が私に力を与えてくれた。兄弟たちに「夢見るもの」と憎まれ、異国（エジプト）の地に売られていってしまった。そこでも、姦夫《かんぷ》のレッテルを貼られ、監獄に入れられる。それでも、彼は神への信頼を失わなかった。やがては、そのエジプトの総理大臣の立場にまでなり、兄弟たちを苦境から救い出した。

人々からどんなにさげすまれようとも、神を信じ、希望を失わず、忍耐していくべきことを知らされた。

その他、エレミヤ書も私の心に毎日力を与えてくれた。

聖書と並行して熊木氏の持ってきてくれた『新聖書注解』（いのちのことば社刊）のモーセ五書と福音書に関する部分（旧約1、新約1）を読み続けた。そのことを通して統一原理の主張する聖書解釈が、一般的にみれば、ありえないというほどおかしなものではないが、いわゆる保守的クリスチャンの解釈とは異なっていることがよく理解できた。

例えば、創世記のアダムとエバの物語の蛇の背後に、サタンがイメージされるのは、一般的であったし、善悪を知る木の実に、性的な意味があるという説もそれほど特異なものではなかった。

また、新約聖書では、洗礼ヨハネの言葉の解釈が問題となっていた。その言葉のいくつかにはイエス様への不信ととれるものがある、ということで様々な解釈がされていた。ただ、統一原理のように断定的に「洗礼ヨハネは失敗した」とはいっていなかったが。

この時の学習は翌年、さらに聖書と取り組むときの助けともなった。

十一月末になって、やっとテレビを見せてもらえるようになった。

約半年ぶりに見るテレビは、とても新鮮に感じられた。テレビがこんなに面白いものだったのかと、いまさらながら感じたものだった。ニュースは毎日見られるようになった。

十二月に入り、弟はもうこれ以上仕事を休めないということで実家に戻り、職場復帰することになった。「もう、大丈夫だろうから」ということらしかった。

ところが、それでも外出は許可されず、その気配すらなかった。私は、さすがにイライラがつのってきた。

ある時、「脱会書」を書くことで口論になってしまい、「一人にしてくれ」といって両親に部屋から出てもらったが、母が襖《ふすま》を少し開けて中のようすをうかがっているのが見えた。

「まだ私を信じられないのか！」

ついに私は逆上してしまい、トイレの壁を殴って穴を空けてしまった。このことが、監禁からの解放をさらに遅らせることになった。

ずっと後で分かったことであるが、〝反統一教会グループ〟の牧師や関係者たちは、人権意識などはとうに捨ててしまい、人権侵害という恐るべき違法行為である監禁、人を閉じ込めることにはすでに慣れっこになってしまっていた。例えば、松永牧師のところでは、常時五組以上の家族たちをマンションの中に住まわせて統一教会信者を監禁、それらの場所を巡回しながら説得活動を行っている。

牧師や元信者は外を自由に歩き回れるので、閉じ込められている人間の大変さを思い、何らかの配慮をしようなどという思いは余り湧いてこないようだった。だから、たとえ脱会を宣言した人に対しても、一カ月でも二カ月でも閉じ込めておくことは平気なようすだった。

M氏などは「下手に逃がしてしまうよりは、閉じ込めておいたほうがいい」とまで言っていた。

もちろん、元信者の中にはそのことで心を痛める人も多かった。私に対しても、Fさんなどは「まだ、出してもらえないのかな?」と、同情の念を深くしていた。

松永牧師がアウグスチヌスの『告白』を持ってきた。

統一原理を聞いて以来、アウグスチヌスには関心があったので、すぐに読み始めた。

アウグスチヌスは、比較的富裕であり、相当に賢い人であった。そのため、かなり女性にも、もてたという。ギリシャ哲学や古典神話、さらには、マニ教[*14]などの教えを深く学んでいた。キリスト教へ回心する際も、知的、哲学的惑わしにより、混乱させられる。ただそれ以上に、女性からの露骨な誘惑に心悩ましたことが率直に告白されている。そのとき神から与えられた聖句が「主イエス・キリストを着なさい。肉の欲のために心を用いてはいけません」(ローマ人への手紙一三章14節/新改訳)であったという。

私は赤裸々に心の内を語る内容に感動した。

統一原理を聞いても、こういうものを読んでもいなかった自分の不勉強さを恥じた。統一原理では、アウグスチヌスは神の復帰摂理上の重要人物として扱っているのに……。

一九九三年の正月は上越市のアパートで迎えた。親戚の人たちが幾人か訪ねてくれた。もちろん、自分の内心は誰にも打ち明けることはできなかった。正月も外には出してもらえずアパートの中で、テレビでラグビーなどを見ていた。

結局、上越市で過ごした約五カ月間は、ただ一度だけ日が暮れてから四人の監視メンバー付きでメガネを買いに出掛けた以外は、表の景色を見ることすらなかった。

一月も中旬になった真夜中、またいつものように元信者らに囲まれながら両親と私は松永牧師の教会のある新津市へ移った。

八、新津市にて「今も統一原理を信じている」

新津市では、市内で一番大きなマンションである「ロイヤルコープ」の五階の一室に入れられた。ここでも、元信者たちが連日のように訪ねてきた。そのころになると、説得に

＊14　西暦二四〇年頃に預言者マニが開教したとされ、ユーラシア大陸一帯で広く信仰された宗教。

来るという感じではなく、ゲームを持って心をほぐしに来てくれるという感じだった。

しかし、ここに移ってから半月たっても、外には出してもらえなかった。訪ねてくる元信者のうちの幾人かは、私が統一教会を脱会したことに対して疑っているようすであり、松永牧師からも疑われているように感じとれた。

二月中旬、私はついに脱会したとウソをついていることが苦しくなり、また『御旨と世界』を読みたくてたまらなくなっていたので、母にだけと思って心の内を話した。「統一原理を真理として今でも信じている」と。

ところが、その話はすぐ父に伝わり、そして松永牧師、宮村氏らに伝わった。

母にたった一言ではあったが、心の内の真実を語ったため、私の監禁が解かれるのはその五カ月先となり、自由に表を歩けたのは何と一年以上もたってからのことであった。


偽装脱会だったことを知って気分を害した松永牧師は、その後三度ほどやって来ただけだった。また元信者らも数回来ただけで、三月初めからは誰も来なくなった。

もしかすると、同じ頃新体操で有名だった山﨑浩子さんが拉致・監禁されたため、松永牧師の周辺も騒がしくなったためだったのだろう。

松永牧師周辺からはこの間、両親も絶対外出しないでほしいと念を押されたらしい。食

監禁の場となった新津市最大のマンション、新津ロイヤルコープ

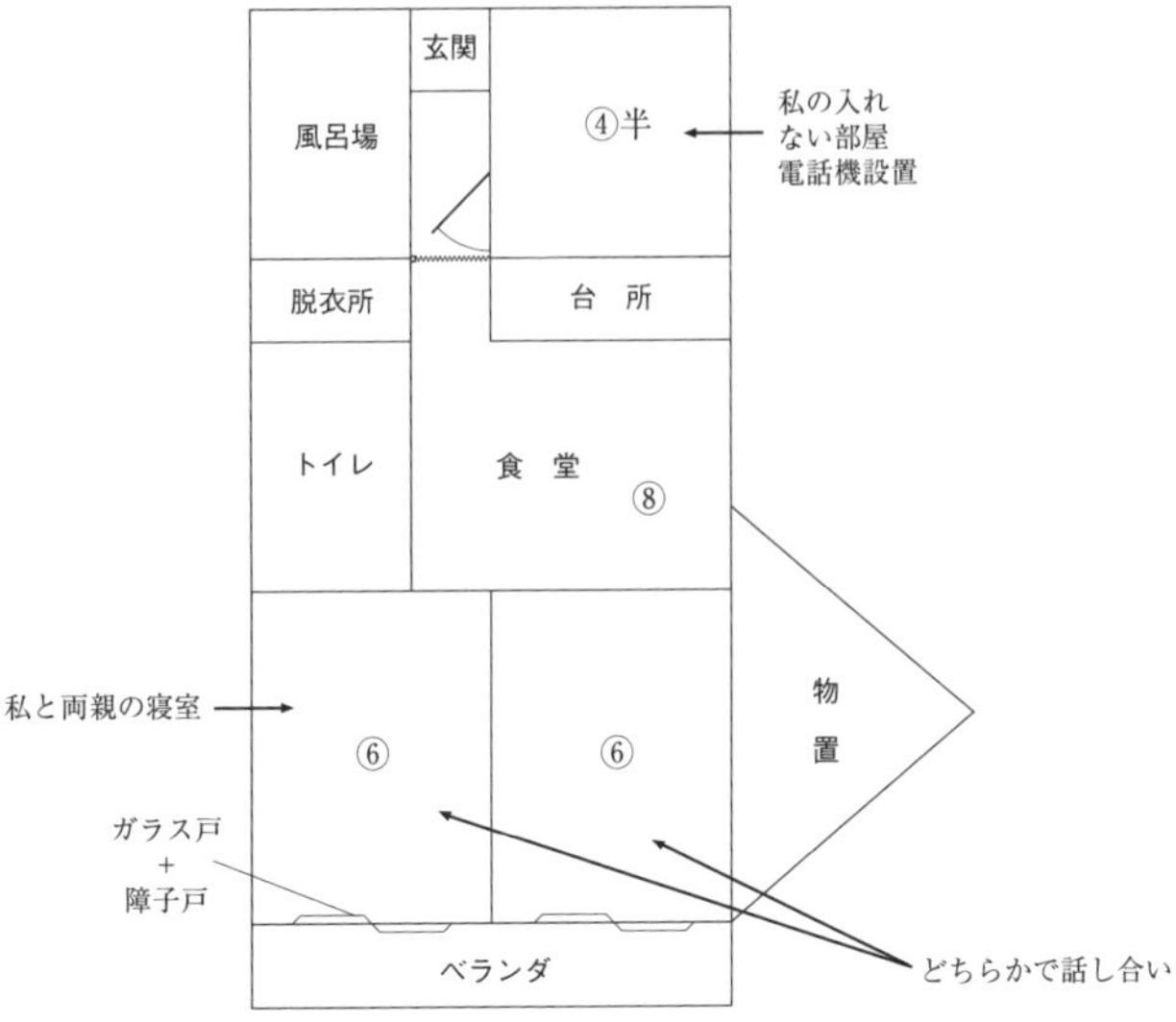

料品の買い出しは週に二、三回、元信者がやってくれた。私と両親は、この後二カ月以上、食料を届けてもらうとき以外は外部の人と接触せず、三人で閉じ込められてしまった。

その間も連日、父だけは隠してあった電話で宮村氏と松永牧師に状況を報告し、指示を受けていた。電話連絡による指示を受けなければ、父も私にどう対処したらよいか分からなかったようだ。

父が電話連絡した後に、突然態度や言うことが変わってしまうこともしばしばあった。宮村氏らにコントロールされ、言いなりになる父の姿を見て、その時ほど悲しかったことはなかった。

やがて両親から、「原理講義をしてほしい」と言い出してきた。突然のことで私も少々戸惑ったが、少しでも両親に統一原理を理解してもらいたくて、三月中旬から五月初めまでの約五十日間ほど、統一原理や〝主の路程〟を連日のように語った。

しかし今から思えば、この「原理講義をしてほしい」という思いがけない両親からの要求も、自分に対して何も言うことのなくなった宮村氏か松永牧師の指示であったのだろう。父は初めから私を脅すような態度だったし、また精神的に私を追い詰めようとするかのようでもあった。もしかすると、父自身が宮村氏などから追い詰められていたことの反動だったのかもしれない。

父は後日、「宮村さんのような人に電話をかけるのは本当はイヤなんだよ。こちらを尊重することが全くない。忙しければ『十分後にしろ！』。そして十分後にかければ、『もう十分』。そして最後に『きょうはもう遅いから、明朝にしてくれ！』と。こんな扱われ方をしたのは生まれて初めてだ。自分の意見と少しでも合わないところがあると、『そうか、それじゃ勝手にしろ！　おれはもう責任をもたないからな』と言ってくる。相談なんてする余地もない。そういう電話をかけていたんだぞ。おまえのためを思って」と、伝えてくれた。

私が原理講義をしている期間、父は悲壮な表情をして、講義のための予習や復習までしていた。真剣に学んでくれたので、「『原理講論』の言おうとしていることはいいことじゃないか」とまで言ってくれたこともあった。もちろんそれを受け入れることは、そのときの父にはできないことではあったが……。

この期間は、私にとっても統一原理について整理し、考える良き機会となった。父に合わせながらの内容で語ったためか、母はほとんど居眠りをしていた。そこで母のための補講も何回か行った。

統一原理を両親に語ることは大きな喜びであった。しかし、現実を思うと非常に苦しい期間でもあった。父も母もちょっとしたことで感情的になり、すぐに怒りだした。私自身も両親の心を思いやる精神的ゆとりがないままに、ただ必死の思いで語った。

今、落ち着いた気持ちで考えてみれば、そのときの両親の精神状態が私以上に不安定だったのは当然であったろうと思う。「統一原理は真理だ」と確信し、何とか理解してほしいとする私の話を一日に四時間以上も聞き、その一方では「統一原理はデタラメだ」と思い込んでいる人々の言いなりにならなければならなかったのだから……。

松永牧師、宮村氏らの父への指示は、一方的かつ絶対的であったようである。小さいながら企業を経営し、それなりの業績を上げてきた父には、やりきれないことが多かったはずだ。さらに、松永牧師と宮村氏は、それぞれに自分の考え方を父に吹き込んでいた。二人とも、それぞれのグループのリーダーでもあり、いわばお山の大将であった。かなり独善的なところもあった。父がいい加減うんざりさせられ、精神的限界に達したとしても無理からぬことであった。


五十日間に及ぶ統一原理の講義も終わりかかったころ、父は隣の寝床に入った私にこんなことを言ってきた。

「浩久、おまえ死ねるか。おまえをもう生きてここから出すわけにはいかないんだよ。宮村さん、松永牧師、熊木さんのことも知り過ぎた。そのおまえを統一教会に帰すわけにはいかない。もし何かあったら、おまえを殺して、父さんも死ぬ。父さんは死ぬ覚悟はできているから」

私はどうして父が突然こんなことを言い出したのか、訳が分からなかった。その晩から「父に殺されるかもしれない」私はそういう恐怖心に緊張するようになった。

今思えば、この言葉は父の本心ではなく、宮村氏と松永牧師によって追い詰められた結果、そのように言ったのではなかったかと推察できるが。

もちろん松永牧師も宮村氏も、父がそのようなことを言うとは思ってもみなかったであろう。父も、私とは違った意味で、閉じ込められてきたようなものである。一年近くも、強制的に閉じ込められた者の気持ちは、閉じ込められた経験をもつ者しか分からない。

父はこういう発言をする前後、自分や祖父たちのいろいろな苦労話をしてくれた。

私の曾《そう》祖父の名前は小出長吉というが、もともと高崎（群馬県）に住んでいたのが、跡継ぎ問題で家を飛び出してしまった。その後、行商をしながら、転々としていたらしい。そのとき、天理教と出合ったという。曾祖父に天理教を紹介してくれたのが、埼玉県狭山市の入間川分教会の前々教会長であった。どうして入信したかも、定かには聞かされなかったが、かなり熱心に信仰していたらしい。

こんなエピソードも聞かされた。

曾祖父《そう》は定期的に教会に行って、お供えをしていた。経済状況のかなり苦しい（毎日の食事も十分食べられない）ことを知っていた前教会長が、「本当に大変なのだから、お供えはしなくてもよいのだよ」と言ってくれたという。

それに対して、「何代後になるかは分からねえが、必ずまいた種の芽がでることを教わっている。それを信じて、神様の前にお供えさせていただくのが、私の人生の唯一の楽しみなんです。どうか、その楽しみを取り上げないでくだせえ」これには、教会長も返す言葉がなかったという。

また、私の祖父の前教会長に対する思いもひとかたならないものだった。「前教会長は……」と言い始めた途端、涙があふれて止まらず、そのあと、言葉にならないことはしばしばだったという。

その祖父も相当苦労した人で、父に対して厳しかったらしい。どんなに熱が出ても、けがをしても、仕事を休むことを許さなかった。父が足首を骨折したときも、当然のごとく仕事にいかねばならなかった。その日の帰り、かなり激しく雨が降ってきた。駅の階段を松葉杖をついて降りようとするとき、傘を持って迎えに来ていた祖父に気がついた。祖父が父を迎えに来たのは、それが最初で最後だったという。

父は私に『きけ わだつみのこえ』という本をぜひ読んでほしい、とも言った。第二次世界大戦で死んでいった若者たちが、どれほど無念であったか、しかし、日本の将来を思い、我々に期待を託して、勇敢に死んでいったかが分かってもらえるというのだった。

それら父の話はすべて私の心を打つものばかりであった。父は泣きながら話し、私も泣きながらそれを聞いた。

父がそのような状態にあっても、母は自分からその状況を何とかしようとは思っていなかった。私は母にこう説得した。

「私や私たちの家族は、宮村さんや松永牧師の手にはおえないんだよ。もう、二人の枠から出てしまっているんだ。いくらやっても私の信仰は絶対に変わらない。このままだと一家心中するしかなくなってしまうかもしれない。だから、お母さんに逃がしてもらうしかないんだ」と。

そう言っても、母は「逃がすわけにいかないよ。必ず、宮村さんらが何とかしてくれる。何とかしてくれる」と繰り返すだけだった。

このときになって、私はやっと、私自身が責任をもってこの環境を変えるしかないと悟った。

五月十一日ごろ、久しぶりに松永牧師が来た。私には軽くあいさつしただけで、別室で両親にキリスト教の話をして帰っていった。

後で聞いたところによると、そのころは牧師も私に話すことがなくなってしまい、どうしようもなくてそうしたとのことだった。「小出君に対しては『もう祈るしかない』という心境だった」という。

翌日、父と話し合っているときに再び口論となってしまった。私はかなり興奮し、「私が原理をマチガイと思わなかったら、本当に殺す気か？」と聞くと、父は「ああ、生かしてここを出すわけにはいかない」と、血相を変えて言い放った。私は「フ・ザ・ケ・ル・ナ！」と叫び、テーブルの脚を取り「これで窓ガラスを割って逃げてやる」と言った。

父は私に飛びかかって、組み伏せてきた。

「あのなあ、男にとって仕事が生命なんだ。それをおまえのためにと捨てたんだ。どうして分からないんだ」その父の表情をみて、「原理はマチガイだと分かった」と言うしかないと思った。そのぐらい父の表情は極限状態のものだった。

その次の日、松永牧師が来た。

私は「もう原理は信じられなくなった」と話した。「『はじめに神は天と地とを創造された』（創世記一章1節）これしか分からなくなった、信じられなくなった」と言った。

松永牧師は、熱心にイエス・キリストのことを話してくれた。憎むべき牧師の言葉なのになんと、あまりの限界状況だったので、神は恵みを下さったのだろうか？　その話から、光輝くマリヤの子宮とその中に宿られたイエス様のイメージが浮かんできた。私はキリスト教でいう、〝神の子〟〝罪なき方〟が罪汚れた世でマリヤの胎中に宿られたことの限りなき恵みを感じることができた。

二回目の偽装脱会の後、松永牧師を含めて多くのクリスチャンの方々から、キリスト教の教理、信仰生活の伝統、心のあり方などについて教えてもらった。決して言葉だけの知識としてではなく、ときには心からの感動をもって、自分自身の心霊でそれらを受け止めた。

なぜ、そんなことができたのであろうか？　実はそれは、統一原理によって、蕩減《とうげん》復帰歴史というものをはっきりと信じていたからであった。旧約時代、新約時代、成約時代という三段階を経て歴史はその目的を完成するということに確信があった。だから、クリスチャンの方々から、何かを教わるときは、常に、「新約時代の恩恵をいただいている」という意識をもっていた。キリスト教の伝統には、歴史的な価値があることを、統一原理によって信じた上で、素直にその恩恵を受け取った。

もし、統一原理を知らなければ、幼い頃から信仰してきた天理教とは、異なる部分の多いキリスト教の教理や伝統を受け入れることは、私には困難だったかもしれない。このとき以来、新約時代の内容を学びながら、成約時代の統一原理が、喜びや悲しみといった神の心情の世界まで明らかにしていることの価値を、さらに強く感じることとなった。

翌日から、再び元信者が続々と来るようになった。ゲームをしたり、夕食や朝食を一緒に食べたりもした。そんな中で、本当は人間的にはいい人たちなんだなあと感じた。

特に、統一教会から離教したとなると、心の内を実にストレートに語ってくれる人も多かった。〝統一教会に入って熱心に活動していた人だ〟ということで、悪人ではないと信頼してくれたようだ。

松永牧師も、あるとき「統一教会で熱心にやっている子で悪い子はいない。そう信じているから、この説得活動をやっているんだ。原理がマチガッテイルと気づけば、みんな本当にいい子なんだ」と話していた。

宮村氏も自分の会社に多くの元信者を雇っているが、それも「元信者の中で、お金をごまかして懐に入れてしまう奴はいない」からだそうである。

やがて松永牧師が、「今度、珍しい人を連れて来てあげる」と言った。それは、かつて統一教会の中で私と交流のあったK氏であった。彼もマンションに入って、三カ月間は信仰を保って頑張っていたそうである。しかし、『原理講論』や主の路程にはデタラメの記述が多いことを指摘され、それから冷静になって調べ直してみたようだ。その後、脱会を決意するまでにはそう長い時間はいらなかったという。

この時、彼と一緒に来たTさんは、実は偽装脱会であって、この直後に松永牧師の元から脱出した。

そのため、私のいるマンションが統一教会側にバレてしまったかもしれないということで、急遽《きゅうきょ》場所を移すことになった。移動することを知らされたのは、その直前の一時間ほど前のことだった。手伝いに来たのは女性二人だけだったので、強引に逃げてしまえば逃げられたかもしれないが、このときは父と母に大きなショックを与えるのは避けようと考えた。

今度は、新津市から以前いた新潟市のマンションに移った。移動は昼間だったため、一年ぶりで田畑や木々の緑を見ることができた。田植えの後の越後平野はさすがにきれいで輝いていた。

六月十日ごろ、両親と私は元信者五名ほどと共に、マンションから徒歩二、三分のところにある喫茶店に行った。やっと外に出られたが、拘束されているという状況は同じであったので、それほどうれしくなかった。この喫茶店への外出も私が本当に統一教会から脱会を決意したかどうかの踏み絵であった。だから、この時の私の話の内容はすべて牧師に報告された。

このマンションにも松永牧師は三、四回来た。ある時、私が「自分はよく自分の醜さを感じて、自己嫌悪に陥るんです」と言ったことに対して、イザヤ書にある聖句を与えようとして、三十分以上も探していた。結局見つからなかったが、翌日その聖句を知らせてくれた。

「わたしの目には、あなたは高価で尊い」（イザヤ書四三章4節／新改訳）という聖句であったが、この一件でも、松永牧師の律儀な性格はよく分かった。

六月中旬、宮村氏が熊木氏と連れ立ってきた。宮村氏の話が聞けるということもあって、何人かの元信者がそこを訪ねてきていた。新潟にも〝宮村信奉者〟が結構いたのだ。

この時、宮村氏は両親に「浩久君の心の重荷を少しでも軽くしてやりたい。そのために話をしに行きたい」そう言っていたそうだ。

宮村氏はこんな話を私にした。

「おれも自分の親父の考え方、感性は最後まで許せなかったよ。ああいう考え方は許せなかったなあ。でも、存在は認めることができたよ。山梨の家を出て、東京に行ったときはケンカ別れのようだったからな。浩久君もお父さんには反発しただろう。でも、お父さんも今回のことで大部変わったんじゃないか。おれも、おまえのお父さんとつき合うのは苦労したよ。分かるだろう」

宮村氏は、私が父への反発心のため、さらには社会や現体制への反抗心のために統一教会へ入信したのだと思っているらしかった。もちろん、私の中に父への反発心はあった。社会の現状への不満も確かにあった。しかし、それが統一教会へ入ったことの動機ではなかった。

彼は、〝統一教会に若者がなぜ騙《だま》されていくのか〟、また統一教会で実際にあったという〝悲惨な事件〟など独特な解釈を交えて話をした。

また、宮村氏は私が統一教会の信仰をもって働いていた時の賃金や献金などをどのように考え、処理していくべきなのかについても話した。宮村氏の私への指示は「弁護士を立てて賃金も献金も全部取り戻せ」というものだった。

父は弁護士を頼むのはどうしたらよいかと尋ねた。その時、宮村氏は「もう少し待っていてください。小出君にはふさわしいデビューの場を考えてありますから」と意味ありげな発言をした。

宮村氏の言った〝ふさわしいデビュー〟の意味は、その三カ月後に明らかになった。

その他、宮村氏は自らの宗教観についてこんなふうに語った。

「ある京都の寺院のお坊さんと話したとき、彼岸のことは仏さんが責任をもってくれる。だから、そちらの世界で幸せになれるように此岸《しがん》で努力するようなこと、例えばお葬式にお経をあげたりすることは意味がない、と言っていた。そのことは、キリストの教えの中にも含まれている。救いがどうなるかは神のみが知っていることだ。だから、人間はそんなことは気にせず、この世の中でのことをどのくらいうまくいくようにするかに心を傾ければ良いのだ」

さらに、イエス・キリストが十字架にかかったことに対しては、「神の目から見れば、人間はゴキブリ以下だ。（イエスが十字架で死んだことは）そのゴキブリ以下の者のために、神が死んでくれたことだ。みんなはゴキブリのために死ねるか。神は死んでくれた。神の愛とはそれほどのものなのだ」と語った。

山崎浩子さんの脱会騒動についても言及し、「勅使河原の奴は、引っ越しの時、おれの名前を出したくてテレビ出演してたんだよな。あいつの言っていたことは、あいつの考えじゃなくて、統一教会の言いたいことを代弁していただけだよ」

私が「山崎さんの監禁中の写真に『ナチ・ドイツの精神構造』（宮田光雄著）なんて本も積んでありましたが……」と言うと、「ああ、あんな難しい本を理解する頭は彼女にはないよ」とあっさりと答えた。ひどいことを言う、と私は思った。

週刊文春が掲載した山﨑さんの監禁部屋での写真に写っていた本は、どうも〝撮影用〟だったようだ。

六月二十日ごろ、再び新津市のロイヤルコープへ移った。

翌日、大学の先輩のS氏が埼玉から訪ねてきた。「(私の)脱会へ取り組むという連絡を受けていたが、こんなに大変なこととは思わなかった」と驚きながら語った。

さて、一週間後、一心病院の職員が、ここに訪ねてきていることが判明した。

松永牧師と両親は非常に動揺し、翌日の早朝、再び移動することになった。

九、山荘での軟禁生活――再び自分を偽る毎日

松永牧師の運転する車で約五十分、笹神村(現・阿賀野市)真光寺山のT氏の持つ山荘に到着した。

T氏は、自分の姪《めい》が以前統一教会に入っていた。その姪を脱会させて以来、統一教会員に対する脱会の説得活動に積極的に協力していた。

彼は共産党の支持者であった。

蜘蛛《くも》の巣の張った薄暗い場所だろうという私の予想に反し、T氏の山荘はとても広くてきれいなところだった。

この山荘では、両親と一緒に散歩に出ることが許された。走って逃げようかとも思ったが、

笹神村（現・阿賀野市）真光寺山の山荘、真光寺ビレッジ

裏から見ると木々に深く覆われている

両親に嘘をついたまま逃げることにはもう抵抗があった。また、それ以上に交通機関のあるところまで行くには、かなり歩かなければならなかった。〃お金も一銭ももっていなかった〃。宮村氏や松永牧師、および元信者の干渉のない環境の中で、両親と話し合うことができる日を忍耐して待とうと思った。とにかく忍耐しようと思った。

この場所へは二、三日に一度、松永牧師か元信者が訪ねてきた。いろいろな話をした。夕食も共に食べた。

山荘に来て、父は冗舌になった。今まで黙り続けていたから当然のことであったが、それにしてもよくしゃべった。

このころ、私は週に一度、NHKラジオ教育放送のこころを読むシリーズ「イエス・キリストを語る」(荒井献氏)を聞いて心の糧としていた。

荒井献氏は、牧師の子として第二次大戦を経験され、東京大学で西洋古典学を学び、ドイツで、神学博士号を取得している。

この放送の中で、同氏は、新約聖書の福音書に書き表されているイエス様の真実の姿を、忠実に描き出すことを試みている。そのための資料として、最新の聖書研究の成果や死海文書をはじめとする考古学的発見をも用いている。そして、後代になって各福音書記者のそれぞれの視点によって描かれた信仰の対象としてのイエス・キリストの姿を読み比べることをした。そうする事で、ローマ帝国の圧政下のユダヤ属州で愛と真理と情熱をもって生き抜いた生身の人間イエスをよみがえらせてくれた。少なくとも、私にはそう感じとれた。

実際、「わたしが来たのは、正しい人を招くためではなく、罪人を招くためである」（マルコ二章17節／新共同訳）などのイエスの言葉は、生きた感情（律法によって凝り固まっている社会通念に対する攻撃的感情と、誰であっても神の子として共に生きようとする愛情）をもつ言葉として訴えかけてくるようになった。ローマの圧政、そしてユダヤ律法主義と戦うイエスの生きざまと、共産主義、そして多くの宗教的偏見と戦う生身の文先生の姿がつながって仕方がなかった。

元信者の人たちと仲良く会話をし、ときには、食事を共にしながら、「敵を愛しなさい」「誰が隣り人になったと思うか」等の聖句を心の内で唱えながら、イエス様の姿を思い、文先生のことを思っていた。

そうやって、元信者と接していくうちに、こんなことが分かってきた。

元信者たちは別に人格が変わっているわけでも、陰険になっているわけでもなかった。ただ「統一原理はデタラメである」「文鮮明はメシヤではありえない」「統一教会のすべては社会悪」「統一教会員はマインド・コントロールされた病人」と、監禁中に繰り返し繰り返し教えられ、刷り込まれたことを信じ込んでいるだけだった。

私はさしずめ重症の入院患者で、瀕死の状態からやっと回復してきたという感じで見られていた。こちらが病人の意識をなくして、素直に意見を言ったりすると、途端に「病人のくせに」という目つきで見られることもあった。

もちろん、中には初めからこちらを疑っていて、何とか偽装脱会のボロを出させようと、意地の悪い質問をしてくる人もいた。その人たちは、使命感を感じてそうしているのだから、こちらはただそれに耐えるしかなかった。そういうときには、話が夜中の一時、二時まで及ぶこともしばしばだった。

とくに、六月三十日にやって来た二人の女性は、私が脱会したことを疑っていた。前に私が話していたことと、その日彼女たちに話したこととの違いを指摘してきたり、私が文師の悪口を一言も口にしないことなどを突いてきた。二人は明け方近くまで、私を追及してきた。

統一原理では「六数」をサタンの侵害した数であると教えているが、その時は、やはり六月という「六数」の月を、サタンは簡単に越えさせないように妨害しているのかと思わざるを得ない状況であった。

七月初めになって、宮村氏から「有田芳生氏と週刊文春の記者がそちらに取材に行きたいと言っているが、どうか」という電話が入った。

有田氏という人物が、共産党を除籍処分されたとはいいながらも、いまだ隠れ共産党員ともいわれ、雑誌やテレビのワイドショーで統一教会批判を執拗《しつよう》に続け、荒稼ぎしていることを知っていたので、私は気が進まなかったが、もちろん「嫌です」とは言えない立場だった。

有田芳生氏と文春の記者が山荘までやってきた。彼らは、私がどのような状況で統一教会に入信し、どういう信仰生活を送り、そしてどうして脱会したかを取材していった。また、一心病院と統一教会との関係についても、三、四時間ほど取材していった。

有田氏の質問の中には、私や家族のプライバシーにかかわることもあった。答えたくないことも多かった。

一心病院のことも、医者として知り得たことの〝守秘義務〟を守ることだけが精いっぱいであった。有田氏らが書こうとするストーリーに話を合わせなければならないために、事実を曲げて答えざるを得ないことさえあった。

インタビューの後、二人とも、「一年間も閉じ込められていて、よく耐えていられましたね」と言った。有田氏は私の手アカで汚れた聖書を見て、「よく読んでいるね。私も読まなくてはと思っているのだけど……。なかなか読めなくてね」と言った。私は愕然《がくぜん》とした。

あれだけ自信をもって自分は統一教会のすべてを理解しているごとくに言う有田氏は、聖書をろくに読んでもいなかったのか……。〝反統一教会グループ〟のブレーン的な人も〝宗教〟への理解はこの程度だった。

有田氏は宮村氏について、「子供のように純粋で、自分を飾らず、他人にへつらったり、おべっかを使ったりしない人なんだよね。その時の感情をストレートに出すんだよ」と評していた。

この時取材された内容は、一九九三年九月十六日付の週刊文春の記事にほんの少し使われたが、私が拉致・監禁されていることは一行も書かれていなかった。取材の翌日、宮村氏から「どうだった?」という確認の電話があった。

数日後、M氏とTさんともう一人の元信者、三人が山荘に来た。

M氏は「犯罪行為!」とよく言う人で、Tさんは上越市で泊まりにも来たことのある、威勢のいい女性だった。この日はM氏が一人でしゃべりまくった。

Tさんは、新潟の実家にも居づらい雰囲気だし、今の勤め先は日曜も仕事があって礼拝に出られないので、東京に出て勤めようと思っていることだけを話してくれた。

飯星景子さんの誘いで、東京の芸能関係の事務所に勤めようと思っているのだと言う。

有田氏は私の取材の後、彼女にその話をしたらしい。

私は「東京で芸能関係の職場で働くのって大変じゃない？　やめたほうがいいよ」と反対した。「でも、そういう方向に話がドンドン進んでるんだよね」と語る彼女は、その日、心なしか元気がなかった。


七月十二日早朝、かねてから東京の病院に入院し、寝たきりになっていた祖母の容体が悪化したという連絡が入った。父が宮村氏にそのことを報告すると、「本人はどう思っているのか？（おばあちゃんのところに）行ってやりたいんじゃないのか？　なら、三人で行ってこい」と言われたという。

宮村氏は、彼なりに私の気持ちを思って配慮してくれたのだろうと思う。

その日の午後、知人の車で東京へ向かった。ちょうど、一年ぶりの東京であった。祖母を見舞ったときは、もうほとんど意識はなかったが、私たち三人が来たことだけは分かったようだった。「もう大丈夫だからね。安心してね」と声をかけると、涙を流した。

この時、十三カ月ぶりで本屋にも寄ってみた。とても新鮮に感じた。

父と二人で二時間近くいろいろな本を見た。マックス・ウェーバーの『プロテスタンティズムの倫理と資本主義の精神』を購入した。この本を読むことにより、資本主義社会成立の動因が、マルクスの分析したように財欲のみに基づくのではなく、キリスト教徒の「神からの救い」を求める情熱と密接にかかわっていることがよく分かった。

　職業を天から与えられたもの、としたルターの考え方と、「救い」が永遠の昔から神によって予定されている、としたカルヴァンの考え方などに、新教（プロテスタント）の信者たちが強く影響されたのであった。「神の栄光をあらわす」という意識が、徹底した合理化、生産性の向上というかたちになったのである。数世代の後には、そういった宗教意識は潜在化し、形だけが残ったようになっている。

　松永牧師の敬愛するカルヴァンの教えがキリスト教社会と現代社会に与えた影響の大きさを知ることができた。そのことをきっかけに、カルヴァンの教えの長所、短所を考えるようになった。


　七月十二日から十三日にかけての夜中、弟の車で、ちょうど一年前と全く同じように高速道路を新潟に向けて走った。

　弟も「何か不思議な気がするね」と言った。私は同じこの車中で、一年前に「いかなる立場に立とうとも神の栄光を現そう」と誓ったときよりも、それ以上の決意をしなければと思った。

ふと、Tさんのことが頭に思い浮かんだ。統一原理がマチガイだと思わされて、真の希望を失った元統一教会員たちに何とかして、もう一度統一原理の素晴らしさを伝える道が開けたら……。そのためにも、もう一度新潟に行こう。漠然としていた私の召命感はこのときはっきりしたものとなった。一年前と同じ神からの光が注がれるのを感じることができた。

山荘に戻った次の日の十四日早朝、祖母は息を引き取った。

葬式に行きたいという気持ちもあったが、監禁状態にあるということを考えれば、亡くなる前に一目会えただけでもよかったと、しなければならなかった。

この山荘にいる間も、一人で自由に出歩くことはできなかったが、ホタル狩りや花火をすることができた。

ここでは松永牧師が紹介してくれた教材に従って聖書の勉強をした。〝ベテルの聖書研究〟というもので、旧約聖書全体の歴史の流れを学んだ。全部で二十数課あり、一課につき十時間ぐらいかかった。この勉強で聖書における啓示の一貫性を知ることができた。また統一原理が真理であるという確信も、聖書の全体的な勉強によってかえって深められた。また、毎朝、毎夕のディボーション（献身という意味の言葉）という聖書の読み方を通して聖霊の臨在ということを知り、聖書のみ言《ことば》を通して聖霊が語りかけてくださることを感じることができた。

八月下旬になり、大きな問題が持ち上がった。

九月に予定された弟の結婚式への参加に、宮村氏が待ったをかけてきたのだ。

松永牧師は皆で参加してもよいのではないか、という意見だった。しかし宮村氏は「お父さんかお母さんのどちらかにしたほうがよい。一人は浩久君に付き添って山荘に残るべきだ」と、私の結婚式への参加を何としても認めようとしなかった。

両親、弟、姉、私、宮村氏の間で何度も電話のやりとりがなされた。話し合いがまとまらない中、宮村氏が「浩久君が今度放映されるＴＢＳの報道特集に出演し、統一教会と一心病院とに対して対決姿勢をはっきりと示すならば、結婚式に三人とも参加してもよい」との条件を提示してきた。

この番組は、元一心病院の医師であった天林常雄ドクターと同氏が理事長を務めている病院を取り扱ったもので、直接、統一教会や一心病院との関係はなかった。しかし、番組は何としてでもこの病院と統一教会、そして一心病院とを結びつけたい意向のようで、私の取材で、私の口からその関係を聞きたがっているようだった。

彼らのそういう思惑を感じた私は、この録画撮りを受けたくはなかった。

けれども、偽装脱会を続け、多くの元信者にも再び救いの道を開くことを考えると、テレビに出ることを拒否する状況にはなかった。私は九月初めに新潟で録画撮りをすることを了承した。

六月に宮村氏が監禁場所に来て意味ありげに言った、「浩久君にとってふさわしいデビューの場所を用意してある」というのはこのことだったのだ。

二カ月以上も前に、宮村氏はＴＢＳの特集番組の内容を知っていて、出演の手配までしていたようだった。

宮村氏は元信者に対して普段は優しいが、彼らの統一教会への姿勢についての問題になると、自分の意向に合わなければ人が変わったように厳しく注意する。

統一教会にいたころを懐かしんだり、統一教会がやっていることに少しでも理解を示すような発言をしたり、またその姿勢を取ったりすると、宮村氏はそれを叱りつけて否定し、統一教会に対して敵愾《てきがい》心、憎悪、怒りをもつようにとの、徹底的な指導を行っていた。

だから、私に対しても、テレビに出るに際し、統一教会や一心病院に対する敵愾心、憎悪、怒りをもつようにとこまごまと〝指導〟してきた。

この録画取りは、山荘から新津市のマンションへ移動した直後に行われた。

この山荘での二カ月余りの生活は、自然環境や食べ物には恵まれ、少しは運動もできた。一見、何の苦労もない生活のようではあったが、精神的にはどこにいたときよりも大変だった。それまでは、誰が来ても自分の信念を堂々と示し主張すればよかったが、ここでの軟禁生活は、相手の気持ちを読み、相手に疑われないようにふるまい、話す内容にも細心の注意を払わなければならなかった。

昼過ぎから夜の九時ころまでは、「きょうは誰が来るだろうか。そろそろ来るかな」と緊張していた。それが、連日である。一日の休みもなかった。

八月中旬ごろ、十日間くらい、喘息《ぜんそく》のような症状が出て、夜眠れなくなってしまった。これも、このストレスのせいだったように思う。この病気の期間は、誰が来ても寝ていることができ、相手と話さなくて済んだことは、かえって一時の精神的休息になった。

十、新津市へ戻る

八月三十一日、新津市内の中山マンションへ移った。

このマンションの部屋は、元信者のＫさんのお父さんの名義で借りてもらった。私と両

再び新津市内の中山マンションへ移される

親はこの部屋でその後約九カ月間、生活することになった。冷蔵庫、洗濯機は知人からもらった。その他の生活用品は買いそろえた。ここでも、当初、ドアにはチェーン式の鍵がつけられていた。

九月一日夜、松永牧師がマンションに来て、「テレビに出たほうがよい。それが責任を取ることだ」と話して帰っていった。念を押すために来たといった感じだった。

録画撮りの前日私は神様の前に祈った「出演すべきでしょうか？　それともここで逃げるべきでしょうか」心の中に文先生の顔が浮かんだ。「行け！」と言われているように感じられた。

九月五日、私は新潟駅南口で、ＴＢＳテレビのスタッフと宮村氏らと待ち合わせた。その場所へは、松永牧師が車で連れて行った。

牧師は駅で宮村氏とテレビスタッフを拾うと、ＢＳＮ放送局へ向かった。車に乗り合わせたＴＢＳのディレクターは、「宮村さんからは統一教会関係のことをいろいろと指導してもらっている」と話しかけてきた。

放送局での打ち合わせの後、信濃川の河川敷で録画撮りをした。

途中、河原を宮村氏、松永牧師、私と三人で並んで歩いた。のどかな自然の中にあって、私は私の信仰を捨てさせようとする張本人の二人と共にいる。本来、血みどろの闘争をしていてもおかしくない者たちが、のどかに一緒に歩いている。とても不思議な気分だった。この二人だって、別に根っから悪い人ではないだろうに……。

宮村氏の会社で働く元信者のＧ氏（後藤徹氏の兄）は、かつて私にこう語った。

「統一原理という思想自体が危険なんだ。それを信じている奴は何をするか分からない」

そのＧ氏の信念は確固としたものであった。そして、その〝統一原理という思想〟を人々の心からかき消すために、できる限りのことをすることが使命だと思っているようだった。

「宮村氏も松永牧師も皆そうなんだな……」私と河原を並んで歩いている、この二人が協力できる共通の目標はそこにしかなかったであろう。

録画撮りに立ちあった宮村氏は、イスにふんぞり返って座り、その場を取り仕切っていた。その中で、ディレクターの「どういう医療をやりたいと思っていましたか」という質問に、私が「患者さんの体だけでなく心の痛みも除くことができる医療をやりたい」と答えたときだった。

宮村氏は「それは統一教会と一心病院をやめた今だから、そう思っているんだろう」と、口を挟んできた。

私が「いいえ、一心病院に勤めているころもそう思って仕事をしていました」と答えると、宮村氏は「おかしいな。統一教会員がそんなふうに考えるはずがない」とつぶやいた。宮村氏は、自分自身で、統一教会に対して、人間的愛情をもたない狂った集団というイメージをつくり上げ、そう思い込んでしまっていたのだ。

録画撮りの後、喫茶店で宮村氏、TBSのスタッフの人たちとお茶を飲んだ。スタッフの人は「宮村さんとは、かなり長い付き合いになりますね。本当に宮村さんの統一教会への攻撃は大したものですよ。今度宮村さんの特集番組でもつくりたいですね」という意味のことを言っていた。

九月十三日（日）の番組で、このインタビューの都合のいい部分が使われた。番組が主に扱ったのは天林常雄医師と同氏が理事長を務めていた京北病院であった。

その病院にかかった患者の「先祖の罪で病気になったと言われた」とか「お金をたくさん取られた」とか、などの証言を問題にしていた。そして、その病院の検査方法、治療方法、天林医師へのインタビューなどが映された。

私のインタビューでは、医学生時代、天林医師が一心病院で副院長をしているころ、彼が主催する医学生向けのセミナーに参加したことがあること、また一心病院勤務時に、患者さんのうちで医療以外に個人的付き合いのあった人がいたことを答えさせられた部分と、「申し訳ないと思っています」と謝罪するように仕向けられた部分が使われた。謝罪の言葉を入れることで、自らが医師という立場を利用して、患者さんに何かを強制したような印象を与えた。また、私の顔の横に実名と元一心病院医師との文字が出て、世界基督教統一神霊協会の元信者と紹介されるので、何気なく見ている人には、統一教会、一心病院、京北病院につながりがあるかのような印象を与えるものであった。そして、〝霊感商法〟という言葉を解説者が言うことによって、一心病院の医療内容は調べてもいないのに〝悪い病院だ〟と宣伝しているようなものとなった。

後日、番組の放送の直前に、ディレクターが一方的に電話で一心病院に問い合わせをしていたことを知った。その内容を見てあ然とした。病院の医療の内容を問うものではなく、病院スタッフや患者の中での統一教会信者の割合を問うものだった。ディレクターも、統一教会＝悪との信念を植え付けられていたのだった。統一教会信者がいい医療はできない、と決めつけているのだった。

予想していたこととはいえ、大変なことをしてしまったと、私の心は痛んだ。その後知ったことだが、この番組のために何の関係もない一心病院の関係者のかなりの方々に、大変な迷惑をかけてしまっていた。

九月二十三日、神奈川県のホテルで開かれた弟の結婚式に両親と共に参加した。

私のために父の知人が三人、ボディーガードとして私の周りについた。

九月二十八日夜、初めて松永牧師の新津福音キリスト教会へ行った。かなり古い建物だった。（今は新築された大変りっぱな教会堂に引っ越している）。一階が礼拝堂で、二階は六畳の部屋が四間、十八畳が一間、他は台所二つに牧師室であった。二階に所蔵してある書籍の四分の一は、統一教会もしくは光言社発行の統一教会関係の出版物で、あと四分の一が統一教会を批判する出版物であった。その外はキリスト教関係の書物でしめられていた。

私はここに通うことになった。やがて、ここから統一教会員の監禁場所に赴き、彼らに脱会を強要する説得活動に駆り出されることになった。

第二章　反統一教会グループの一員として改宗請負人の手先に

一、新津福音キリスト教会での生活

九月二十八日（月）に教会へ行って以来、連日、新津福音キリスト教会（以下、新津教会）へ通った。

新津教会は小羊園という幼稚園も経営していた。朝八時半から午後一時半ごろまでは、子供が二十人くらい歌を歌ったり、遊んだりしている。ときどき、大きな声で聖句を唱えるのが聞こえてくる。

「ののしられても、ののしり返さず、苦しめられても、おどかすことをせず……」

私たち元信者でマンション等の監禁から一応解放されたメンバーは、それぞれリハビリホームから、午前十時までには新津教会にやって来ることになっていた。私の新津教会への行き帰りは、この後六カ月間、ずっと父の送り迎えつきであった。

午前中は聖書やキリスト教の勉強をするようになっていた。

松永牧師は時間のある時は講義をしたが、ないときは私たちは自主学習であった。私が通い出したころは、午前中にきちんと来る人は私を含めて三人くらいで、あとの三人くらいはリハビリホームで寝ていることが多かった。

松永牧師の講義はあまりなく、連日、そのほとんどが自主学習だった。そのため、よく私は他の元信者たちといろいろな話をした。どのように監禁されたかとか、いつごろどのように感じたかとか、またどこで〝マチガイ〟に気づいたか、などであった。

とくに、私と同姓の女性がいたため、彼女とはよく話をした。

彼女は富山県出身、二人姉妹の妹。カギっ子のような感じで育ったという。

東京の歯科衛生士の学校に通い、卒業後勤めているときに伝道された。身体を悪くするほどみ旨に投入したが、なかなか本音を話せる信仰の友がいなかったらしい。

九二年八月の三万組の合同結婚式に参加。相手は彼女よりも信仰歴が短くて、彼女に頼るようなところがあったという。それは彼女にとって、とても苦しいことだった。

彼女の家が反対していて監禁される恐れもあり危ないことは分かっていたが、しかし二人の門出のことでもあり両親に報告しようと、彼と一緒に帰省した。そのとき彼は家は狭いからとの理由で一人でホテルに泊まることになった。途中でおかしいことに気づいて、彼は彼女の家に取って返し後を追ったが間に合わず、彼女は監禁されてしまったそうである。

監禁されたマンションの生活では、それまで気づかなかった肉親の愛情にふれたという。

幼いころより自由奔放に育った姉に対して、彼女はいい感情を抱いていなかった。しかし、監禁中に姉の自分に対する愛情を知って驚いた。そして、統一教会信徒同士でも話せなかった自分の秘密を、お姉さんに初めて打ち明けることができたのだという。

また、ある時は母親と口論となって、そばにあったお茶をかけてしまったそうだ。しかし何も言わず許してくれた母の姿に、大きな愛を感じたという。

そして、自分も意地を張らずに冷静になって、統一原理が真理かどうか、文鮮明師がメシヤかどうかを確かめてみようと思った。そのときは、元信者や家族とは余り話さず、一人で部屋にこもって『聖書』『原理講論』『御旨と世界』と取り組んだ。

そして多くの表現の不適切と思われるところを彼女なりに発見し、自分が今まで信じてきたものが誤りだったと認めざるを得なくなったのだという。

両親と姉に迷惑をかけ続けたことに対して、手をついて謝り、こんな自分を見捨てないで、統一教会から助け出してくれたことに礼を言った。すると、それまで一度も自分を抱きしめてくれたことのなかった父が自分を抱きしめ、「いいんだ、いいんだ」と言ってくれた。その日の食事は特別なものは何もないのに、家族みんなで満たされた思いだった。

お姉さんは「こうやって食事できるのっていいね。本当にいいね」と言ってくれ、彼女もこれまでにない幸せを感じたという。

そして、統一教会を脱会し、一連の整理を終えた八月の終わりには監禁を解かれ、今のリハビリホームに入ったという。

彼女はキリスト教の信仰をもとうと考えていた。その信仰の面をはっきりさせるために、新津教会で少々時間は人より長くかかっても、キリスト教や聖書の勉強をしたいと言っていた。

いつかキリスト教を真剣に求める中で、神との対話を回復し、彼女が本当に求めるものと出会っていって欲しいと願い祈った。

それから数カ月後、彼女は松永牧師に対して〝裏切られた〟という感情をもっていた。リハビリホームでの生活も苦しくなっていたようすだった。

「できるなら、早く別の教会に通いたい。そう思っているの」と私に漏らしてきた。

同じころ、リハビリホームにいたFさんは、「統一教会に入ってしまったので、できなかったいろいろなことをしてみたい。一人でアパートに暮らして、好きなお菓子を作ったり、自分の好みのインテリアにしたり、そういう普通のことがしてみたい」と言っていた。

彼女にはとても優しく、しっかりしたお兄さんがいた。そのお兄さんが拉致・監禁に加わったことが彼女の心変わりを一層早くしたようである。両親では分からない彼女の気持ちを、とても理解してくれたという。

監禁されてから彼女は家族に統一原理の講義をした。家族はちゃんと聞いてくれた。そして、認めるところは認めてくれ、本当に疑問に思うところだけを質問してきたのだという。あげ足を取るようなことはしなかったそうだ。

一週間くらいで、彼女のほうが語れなくなってしまった。

そこで、「このことに詳しい知り合いの人を呼んでいいかい」と聞かれたので、「呼んでいい」と答えると、やがて元信者数名が来たという。

初めは、やっぱり「反牧たち」だったのかと反発したのだが、だんだんと話すうちに気持ちが通ずることが分かっていったそうである。その後、松永牧師が来ていろいろな話を聞くうちに、『原理講論』の聖句の引用が不適切ではないかと思ったという。

拉致・監禁のほとんどのケースで、家族は最初、牧師や脱会屋が家族の背後にいることを話さない。閉じこめた部屋で本人のしたいようにさせ、語りたいことを語らせる。また、脱会の意思を表明しない限りマンションの一室から外に出さないという強い姿勢を示す。窓も開かない部屋から逃れたい本人と、絶対に脱会させようと決意した家族、親族などとの感情のせめぎ合いの中で、閉じこめられる苦痛の中にいる人間は話すことも、自主的に何かをすることもできなくなり、家族の提案を受け入れるようになっていくようだ。

できるだけ、本人の口から〝家族以外の事情の分かった人と話してよい〟と言わせるようにする。「牧師に会いたい」か、「会ってもよい」と言うように仕向けさせるのであった。これは拉致・監禁による改宗活動としてマニュアル化されていることだった。

この心理的プロセスは、あの山﨑浩子さんがその手記（『愛が偽りに終わるとき』、一七四〜一八九頁）でも明らかにしている。

それは同時に、このような拉致・監禁を両親らの背後にいて操っている改宗請負人の宮村氏や松永牧師らが、自分たちがこの犯罪行為の首謀者でないことを主張し、正当化するために行っている巧妙な作戦なのである。

統一教会で一緒に活動したこともあったK氏も、男性のリハビリホームから教会に通ってきていた。彼は旧約・新約聖書によって、イエス・キリストの十字架が、神によって永遠の昔から予定されていたものであることを確かめようと、必死に聖書を勉強していた。

私が新津教会に通い始めたころは、レビ記などを中心に学んでいた。聖書の解釈の話ばかりで、余り個人的なことを話す機会はなかった。

新津教会では、昼近くになると皆（五、六人）集まってきて、松永牧師と一緒に昼食を食べた。雑談のあとで、柱にかけてある監禁者の一覧表をみながら、きょうはどこに誰が「説得」に行くのかなど、役割分担とスケジュールを決めた。

もちろん、ここでは「監禁」という言葉は使わず、「保護」されていると言った。統一教会の〝魔の手〟から、両親によって保護されているといった意味を含んでいるのである。

皆でまずその人の状況を話し合い、ある程度は自主的に、時には松永牧師から指名されて、行く人が振り分けられていった。

松永牧師は打ち合わせで、きょうはこういう話をしてほしいとか、この資料を持っていくようにとかの指示を出す。時には「きょうは家族の前で統一教会の悪口をいっぱい言って怒らせるように。怒らせないと駄目だよ」とか「きょうは皆で徹底的に攻めよう」という指示まで出した。この打ち合わせは長引き、時には一時間以上になることがあった。

打ち合わせが終わると、各自出掛けていった。

監禁部屋における改宗強要の説得の時間は、だいたい一件につき二時間以上に及んだ。松永牧師は一日二、三件をこなし、行き帰りの時間を合わせると、帰りはいつも夜中だった。松永牧師は「聖書」の勉強と「キリスト教教理」の勉強を優先させるようにと、元信者らに指導していたが、現実は〝強制的説得〟に駆り出されるために教会に通う、というふうになりがちであった。勉強自体は、長く続かなかった。

元信者が松永牧師のところで勉強するきっかけは、監禁された状況で行われた説得により「統一原理はデタラメ」「文鮮明はメシヤではありえない」「統一教会はすべて社会悪」という〝信念〟をもつに至ったためであって、決して自らが自主的に聖書やキリスト教の勉強をしてみたいと思っていたからではない。勉強が長続きしないのは当然である。

「聖書は今、ここで、私に何を語っているのか？　教えようとしているのか？」

「聖書のいう神、罪、救いとは何か？」

そういった関心がかなり強くなければ、聖書全体を学び続けることはできないのではないかと思う。「原理のマチガイをはっきりさせるため」という気持ちでは、聖書全体を学ぶことは難しいことであった。

また第一、聖書全体を学んでも「統一原理はデタラメである」などの信念は深まらなかった。その信念は、むしろ長期の監禁状態で徹底的に教え、刷り込まれたもので、異端に対する宗教的憎悪心、好き嫌いの感情や、既成概念による〝決めつけ〟のようなものにすぎなかったのだから……。

私は統一原理を学ぶことで、聖書は一言一句神の言葉とは言えないが、全体として神の啓示の書であるとの確信をもっていたので、元信者よりずっと意欲をもって学び続けることができた。

私が新津教会に通うようになってから二、三カ月が過ぎたころ、リハビリのための週間スケジュールが決められていた。

月曜日　午前：講義　午後：スポーツなど
火曜日　午前：講義　午後：説得
水曜日　午前：自習　午後：説得
木曜日　午前：ビデオ　午後：説得　夜：祈祷《きとう》会
金曜日　午前：講義　午後：説得
土曜日　午前：フリー　午後：説得　夜：反対父母の勉強会
日曜日　午前：礼拝　午後：説得

講義は松永牧師がやった。はじめにリビング・フレイズというキリスト教の歌を賛美し、牧師が祈ってから始める。

聖書論、聖書の読み方、聖霊論などについて、牧師オリジナルのプリントで行った。

また、キリスト教教理における神について、人間についてなどを、ウェストミンスター[*15]の小教理問答集にそって学んだ。

聖書こそ唯一絶対の基準という大前提のもとでの講義だった。

元教会員は反発することなく聞いていたが、牧師がいくら丁寧に説明しても、どうしても納得しない問題がいくつかあった。たとえば、自由意志の問題についてである。牧師はカルヴィニスト[*16]であるから「永遠の昔から、ある人が救われるかどうかは神によって決定されている」という予定論の立場をとる。そして、人間には、自由意志もあって、自分の行動は自分で決められるし、イエスを信じるか信じないかも自由であるという。

しかし、その人が自由意志によってどんな行動をとろうとも、救いという問題に関してはまったく無力である。たとえ、いったんイエスを信じても、救いに予定されていない人は必ず裏切るというのである。

元信者は統一原理を聞いて、救いという問題を真剣に考えた人たちである。だから、救いという問題は当人にとって最も大切なことであると知っている。それが本人の意志と全く関係がないのなら、自由意志のもつ意味はほとんどないことがすぐに分かるのである。

＊15　一六四〇年代に、ウェストミンスター神学者会議で作成された教理問答書。キリスト教の教理に関する百七の問答が載っている。

＊16　カルヴァン主義者のこと。カルヴァン主義とは、「カルヴァンの宗教改革運動によってジュネーヴを中心に起った教義。ルターの福音主義を基礎としつつ、神の絶対的権威と予定的恩寵と禁欲的な信仰生活とを強調した。その感化は特にイギリス・アメリカに強く、社会上・経済上・政治上にも及ぶ」（広辞苑より）。

死刑囚が刑務所の中を自由に歩けてもいかほどの意味があろうか？　皆幾度も幾度も牧師に質問をすることになった。

牧師がストレートに、神のご意志に比べたら人間の自由意志等はちっぽけでほとんど意味がない、とはっきり言ってしまえば簡単かもしれなかった。

牧師もさすがにそれは受け入れられないと考えてか、一応人間の自由意志も非常に重要だという立場をとる。だから余計話は複雑になってしまった。牧師は神学の本を何冊も持ってきて「自由意志」の項目を読み上げることになる。長い時間かかるが、結局だれ一人として納得する人はいなかったように感じた。自由意志の問題になると、毎度こんなことが繰り返されていた。

ある時、松永牧師は私に対して「元統一教会員は、全員『カルヴィニズムの五特質』でもしっかりと学んで、神様が定めたことは、そんなに人情的に納得のいくものでないこと、甘いものではないということを、まずもって知ってほしいものだな」と感想をもらした。

このとき牧師は先に述べた予定論を念頭に置いていたのだろうと思う。ある人たちは救われて天国に行くよう予定され、残りの人は地獄に行くことが予定されている、それは神の決定だから人間にはどうしようもない、いくら不条理に見えても、それは受け入れるしかない。

松永牧師は、そう考えているのだった。

確かに、こういう教理を信じ受け入れるのも当人の自由であろう。しかし、元教会員は日本人の感覚にはもっと受け入れやすい「万人救済」を一度は信じて努力してきたのである。統一原理を不信した後で、聖書もイエスも信じる根拠を失っている段階であった。それが、いきなり、日本人の感覚には到底なじみそうもないカルヴァンの二重予定論は受け入れられるはずがなかった。

また、牧師は聖書は一言一句誤りなき神の言葉ということを信じている。それをも元信者に受け入れさせようとしていた。それも、手を変え品を変え説明するのだが、普通に聞いたら、理解しにくい内容ばかりであった。

「必死に、聖書は絶対、聖書は絶対と何度叫ぶよりも、統一原理を一度聞いたほうが、聖書の真の価値が分かり、聖書は神の啓示であり、世界万民を導く力があるという揺るぎなき確信をもつことができるのに……」心の中で私は叫んでいた。

「小出君は医者だから、統一教会からねらわれているかもしれない」ということで、脱会を強要する説得の監禁の現場にはなかなか行かせてもらえなかった。そのため、午後の時間は教会の中でなら、比較的自由に過ごすことができた。元信者たちと雑談したり、自分の好きな本を読んだりもした。

元信者たちといろいろ話す中で、「統一教会から脱会したといっても、皆兄弟姉妹だなあ」と感じた。

自分の弱い部分を曝《さら》け出しても、それを認めてくれる人が多かったし、どんな話をしても楽しかった。私は皆から「ドクちゃん」とか「ドクター」とかと呼ばれた。

しかし自分の本音、「統一原理を今でも真理として信じ、文鮮明師をメシヤとして信じている」ということは、決して言えなかった。偽装脱会を決意した後、いつかは再び救いの道を拓きたいと、そう願いつつ接していた。

カトリック教会出身のKさんと共に、彼女が以前に通っていた新潟市のカトリック教会を訪ねてみた。その入り口のところで、彼女が通っていた保育園の先生と出会った。十数年ぶりとのことだったが、よく覚えていてくれたものである。

「彼氏?」と聞かれてしまい、「もう、そんな年なのよね」と言っていた。

教会の中を案内してもらい、そこで彼女が幼いころどのように感じたかを話してもらった。「イエス様が十字架にかかった像や絵は恐ろしかった」とか、「蛇を踏んでいるマリヤ様は不思議に見えた」とか、「ここに座って祈るんだよ」などと教えてもらった。

一通り見て回った後、彼女は「帰ってきたなあって感じ」とつぶやいた。

ある時は、国際祝福を受けた人の和文英訳や英文和訳を引き受けた。合同結婚式で外国の人と祝福を受けたが、監禁され、説得を受ける中で脱会し結婚を解消することになり、相手に手紙や書類を送るためのものだった。

悲しかったが、仕方がない。

元信者の統一教会の信仰をもって活動していたころの苦労話は、どれも心を打つものばかりであった。自分はこれほどの苦労は何もしてこなかった、と思わされることも多かった。元信者は三カ月から半年くらい、このリハビリの生活をし、その後それぞれの人生を進むことになる。

何らかの信仰をもつ人は、そのほとんどがキリスト教であった。その他の諸宗教は、基本的には聖書を根拠に〝偶像崇拝だ〟と徹底的に教えられていたからである。脱会後の一年以内に洗礼を受ける人も多かった。

しかし、中には両親がキリスト教の勉強をすることに反対してくる場合もあった。やはり、日本、とくに地方においては、まだキリスト教への偏見が根強いのだと思った。

元信者の多くは、就職にかなり苦労していた。

結婚は、その三分の二くらいの人が脱会者同士の結婚をしていた。信仰をもつもたないにかかわらず、皆ときどきは新津教会に顔を出していた。統一原理を捨ててからの心のよりどころをそこに求めていたのだ。

新津教会の中では、一般のクリスチャンと元信者とでは、どうしても心の壁があった。元信者はキリスト教に対する信仰の有無にかかわらず、非常に仲間意識が強く、いつも集まってワイワイガヤガヤとやっている感じだった。「相対基準」とか「愛の減少感」とか「アベル的だ」といった統一教会特有の用語が、日常会話の中でも結構ポンポンと口をついて出てくる。そうすると、お互いの気持ちが伝えやすいのだ。

一般のクリスチャンがイエス・キリストへの信仰を土台として交流するのとは、どうしても何かが違っていた。

ワイワイと、表面的には楽しそうだが、彼らの心はいつも不安にさいなまれ、揺れ動いているように感じられた。神様からの貴い真理と愛に背を向けていることを彼らの本心が知っているように見えた。

二、異様な雰囲気の土曜日の父兄勉強会

毎週、土曜日の午後六時から九時の間と、その前後の時間、松永牧師の新津教会は異様

な熱気に包まれる。

息子や娘を統一教会に〝とられた〟と感じている父兄が勉強会に五十名ほど集まってくるからだ。多くは新潟県内の人だが、長野県や山形県、富山県などからもはるばる集まって来る。

午後五時半くらいから受付が始まる。受付には元信者がいて、その日の勉強会の資料や、統一教会に批判的な報道などのコピーを渡す。資料を受け取り、出席カードを持った父兄は深刻な顔を見せながら、会場となる二階の一室に向かう。

この集会のスタッフとして私も何回か受付や資料配付などを手伝った。

午後六時からはまずビデオにより強制改宗（脱会説得）への〝心得〟を学ぶ。ビデオは八種類で、統一教会の成立から今日の活動までが講義された「統一教会の実態」、統一教会の教義を松永牧師らが自分流に解釈した「統一教会員の人生観」（万物復帰の意義と価値、胎中・地上・天上生活という人生の三段階、氏族メシヤ意識などを扱う）、統一教会に反対する牧師や親たちに対して統一教会で教えていると彼らが主張する内容について解説した「対策」、そして監禁前や監禁中、脱会説得後に親はどのように子供に接するか、拉致から監禁、監禁後の手ほどきを解説した「対応」がある。

監禁を実行しようとする家族は、その時が来るまで何回も何回も繰り返して見る。勉強会に出席して統一教会の批判を繰り返し繰り返し吹き込まれているので、ビデオを見る表情は真剣である。

午後七時ごろからは松永牧師の講話が始まる。牧師は日曜礼拝の説教の時よりも、ずっと威勢良くとうとうと話す。統一教会についての最新の情報を話し、最近の監禁による強制的説得の状況が伝えられた。

松永牧師はよく聖句を取り上げ解説しながら、親としての心構えを正すように指導した。牧師は興奮して仏教や先祖崇拝に対する批判にまで話が及ぶことがよくあった。

この集会に参加していた父はよく言っていた。「皆、今は黙って聞いているけど、誰も牧師の話を心から納得などしていない。子供を統一教会からやめさせてもらうまではとにかく耐えているんだよ」

松永牧師が一時間ほど話すと、午後八時ごろからは元信者が自分の体験を語る時間となる。特に最近統一教会をやめることを決心させられた人たちが、監禁と説得の〝成果〟として話をさせられる。

これらの脱会信者の話には「どのように統一教会に騙《だま》されたのか」「統一教会にいたときはいかにひどい生活をしていたか」「どのようにして真実に気がついたのか」などを盛り込んだ、ほぼ共通のパターンがあった。これは監禁状態での説得にパターンがあり、そのマニュアル化された思考方法を監禁された人たちは要求されるからである。

しかし、こうした教会批判とは別に、親の子に対する愛情、兄弟や姉妹の愛情の素晴らしさを感じさせてくれる体験談も数多くあり、話すほうも聞くほうも涙を流すことがよくあった。

集会では月に一、二回、同じ時間帯に、グループに分かれて、元信者と現役信者の父兄との相談会がもたれた。

初めに質疑応答があり、その後、リーダー格の元信者もしくは父兄が話し始める。たいがい、ここで話される内容は〝統一教会が反社会的な犯罪者集団である〟〝犯罪者集団である統一教会に入っている子供は犯罪者である〟と強調され、〝そこから子供を救出するのは人の親として何より重要なことである〟とハッパをかけられた。

「子供と、仕事や学校とどちらが大事なんだ」

「本人は命懸けでやっているんだから、こちらも命懸けでなければ救えない」

「まだ統一教会の怖さが分かっていない」などなど、と。

しかし、勉強会に通い始めたばかりの父兄からはこんな質問も出る。

「いくら統一教会が悪いと言っても、成人に達した息子、娘をマンションなどに閉じ込めてしまうのは、基本的人権という観点からおかしくはないですか」

すかさず元教会員が「まだ全然、統一教会の怖さが分かっていないんですね。そうするしか、息子さんや娘さんを統一教会から救い出すことはできないんですよ」と説得する。もちろん質問した父兄はすぐに納得するわけではない。

しかし、徐々に牧師や元教会員の熱心さと集会での雰囲気の中で、この方法しか子供を統一教会から取り戻す方法はないのではないか、と考えるようになっていくようだった。そして、ついには拉致・監禁ができる日を目指して、何かに憑《つ》かれたように勉強会に通うようになっていくのだった。

三、「２ＤＡＹＳ」で拉致・監禁の技術指導

土曜日の父兄勉強会で、拉致・監禁以外に統一教会からやめさせることはできないと思い詰めた父兄が拉致・監禁を決意して松永牧師に相談すると、「２ＤＡＹＳ」への参加を勧められる。

２ＤＡＹＳセミナーは統一教会信者に対する拉致・監禁を行わせるため、親や親族への教育と〝実践〟を学ぶ場として設けられている。そこでは、統一教会の〝実態〟や現状に

対する講義や元信者が拉致・監禁された際の体験談が語られたりするが、その中心は、拉致・監禁のための具体的な指導、模擬訓練である。

講義の内容は、父兄に見せた改宗への〝心得〟のビデオにあった「人生観」「実態」「対策」「対応」に、最近の統一教会の状況等を補足したものだった。

私もそのセミナーで何回か講義を担当した。統一原理の創造原理の中の「三大祝福」に関してと、信者の日常生活といったものが中心だった。

最初に講義を担当した日には、そのほかに、マインド・コントロールについてや、最近の統一教会の対策の変化についての講義があった。

翌朝は元信者二人が統一教会での生活や、拉致・監禁されていたときのことなどを語った。それに続いて松永牧師が拉致・監禁の具体的内容について説明した。

その話はざっと以下の内容である。

まず、マンションの一室を借りる。その部屋は、拉致した信者が窓から逃げることがないように、なるべく五階以上の高さがあることが望ましい。そして、本人が隠れるようなスペースがない間取りが望ましく、隣近所に物音が余り響かないような所がよい。

さらに窓は開かないように補強し、また、内からも外からも見えないよう、不透明のシートを張ることが必要である。食器類、衣服類、金品等についても、食器は割れにくい材質にして危険なものは避ける、本人には一切お金を持たせず目のつくところに金品を絶対に置かないなどの指導がなされた。

また、監禁する時の実行人数については、男性を監禁（彼らの用語で「保護」）するのであれば、男性が父親以外に最低三、四人いる必要がある。また、女性も母親が掃除などに時間をとられず本人とコミュニケーションがとれるよう、二名ぐらいの人が交替できてくれるよう手配したほうがよい、などとの説明もあった。

さらに、監禁後の心がけについては、電話連絡を取ることが必要なので、携帯電話を用意するか、本人の入れない部屋（鍵のかかる部屋）に電話を置く、テレビ、新聞、ラジオなどの外の余計な情報の入るもの、本人の気が紛れる物は一切置かないことなども、詳しく説明された。

これらのことを一通り言い終えた後、松永牧師は、どうやって拉致対象の信者を、監禁場所まで連れていくかについての説明に移った。

まず、家族の誰かが病気になったとか、妹や弟の結婚のことで話したいとか、どんな手を使ってもよいから、拉致ができる場所に本人を誘い出す。その場では両親は努めて優しく、統一教会に入信してから本人の活動に疑問を抱いていること、統一教会全体の活動に少し不安を抱いていること、そして、それらのことについて家族だけでゆっくり話し合いの時をもちたいことを説く。

その時の話は、じっくり時間をかけ、怒ったりあからさまに統一教会の悪口を言ったりせず、あくまで〝親子の対話の時をもちたい〟ということを強調する。

「統一教会の信仰を捨てろ」とか「やめろ」というのは禁句であり、できれば本人にも納得してもらい監禁（保護）の場所まで行くのがよい。

ほとんどの場合、本人は監禁場所まで連れて行かれることに最後まで抵抗するから、その時は、家族や親族が力ずくで連れていくしかない。

松永牧師はこのように説明をしていた。

さらに、監禁（保護）できたなら、親子の対話に十分に時間をかけることが重要であり、キリスト教の牧師とかかわっていることや元信者のことなどを決して言わないこと。まず、親の疑問を率直に本人に聞く。教理も知りたいと言い、原理を本人が教えたいというならば聞いてやり、そこで揚げ足を取る必要もなく素朴な疑問をぶつけてやればよい。そして、一緒に聖書を読んだりすればよい。統一教会に反対する本を無理に読ませる必要もない。

しかし、ただ優しく接するだけでなく、統一教会の誤っている部分、名前を隠した伝道や霊感商法等については徹底的に追及すべきである。

牧師は熱を帯びたように、話を続けた。

とにかくよく話し合っていく。最低一週間ぐらいそのような時を過ごし、本人と家族の話し合いが平行線に達したときに次のように提案する。「私の知り合いで統一教会の活動に詳しい人がいるが、その人を呼んで話し合いに協力してもらったらどうか」この時脱会者とか、元統一教会員とは決して言わないことが必要である。本人の承諾を得てから、脱会者に話し合いに加わってもらうようにする。

牧師が話し合いに加わるのは、脱会者との話し合いの中で本人が心を開き、いろいろな疑問がわいてきたとき、脱会者が紹介するようにしたらよい。

もちろんこのように順調にいかないケースも多い。その場合は本人が十分に納得しなくても、脱会者や牧師が時期を見て話し合いに加わることになる。

このような内容を松永牧師は黒板を使って説明した。

牧師の黒板講義の後にはグループ別の質問会がもたれた。

グループ分けは、監禁対象の信者の状況と親の監禁への取り組む姿勢によって決定された。

最後に、2DAYSの総仕上げとして、監禁の時の模擬訓練が行われた。

訓練は、信者の子供が実家に帰ってきて、両親と話し合うという設定だった。それで信者に監禁場所まで連れて行かれることを納得させる説得の仕方を練習するのである。

両親役はもちろんそのセミナーに出て講義を受けている両親であるが、信者役はその信者に似たタイプの元信者が担当した。私もその役に指名された。

その時の状況はざっと次のようなものだった。

信者の両親のお父さんがまずこう切り出した。

「浩司、実はなあ、おまえに話したいことがあるんだ。おまえがやっている統一教会について、お父さん、お母さんは納得できないことがあるんだよ。おまえの信仰をとやかく言うつもりはない。信仰は自由だ。しかし統一教会がやっていること、それがお父さんたちから見て疑問をもたざるを得ないことが多いんだ。だからおまえからゆっくり話を聞きたいと思うんだが……」

私はその信者の気持ちを思いながら、こう答えた。

「それはかまわないよ。一体どんなことがおかしいと思うんだい」

「実は誰にもじゃまされずに話し合うため、別に場所を用意してあるんだ。そこでじっくり話し合おう」と父親役。

「別に場所を用意してあるって、どういうこと？」と私。

こんなやりとりが続いていく。

「信仰を捨ててほしいなんて本音は言ってはだめです。あくまで、統一教会の活動に納得がいかない点があるからそれを納得させてほしいとだけ言ってください」「統一原理は間違っているとか、文鮮明は偽メシヤだ、なんてことも言ってはだめです」

両親の言い方がまずかったり、感情的になり過ぎたりしたときは、牧師や元信者から細かく注意が入った。

両親が自分の気持ちを伝えるのではなく、牧師の考えるとおりに言葉を選んで話すことが評価された。

この模擬訓練は一時間ほど続けられた。

これで2DAYSセミナーは終わりとなる。

ここで紹介した内容が、キリスト教の牧師によって語られていることは信じ難いかも知れないが、キリスト教系出版社のいのちのことば社の『統一協会　救出とリハビリテーション』（田口民也編著、現在、Amazon、楽天ブックス、いのちのことば社でも取り扱いはなくなっている）には、これと全く同じ内容が書かれている。

四、一心病院と統一教会への調停を強要される

新津教会に通いだしてから一カ月ほどたって、宮村氏が弁護士を紹介してくれることになった。

六月に新潟市万代のマンションで父がそのことを相談して以来のことであった。父は「やっと弁護士を紹介してもらえる」といって非常に喜んだ。

一心病院や統一教会と「裁判」によって一戦交えなければ、事の決着は着かないと思っているらしかった。もちろん、私には弁護士を依頼したいという意思も、裁判をしたいという気持ちもなかったし、ましてや弁護士に頼む理由などは何もなかったが……。

十月二十三日（土）、宮村氏の依頼で、山口広弁護士と紀藤正樹弁護士が、東京から新潟までやってきた。

この二人の弁護士は、統一教会が「霊感商法」を行っていると批判活動をしている全国霊感商法対策弁護士連絡会（被害弁連）に所属していた。

改宗請負人といわれる宮村氏と被害弁連の弁護士とは、かなり親密なようすだった。

私と両親は、新潟市白山にある新潟合同法律事務所で両弁護士たちと会った。

そこで世界基督教統一神霊協会（統一教会）と一心病院に対し、どのような要求をすべきかが話し合われた。私は、あらかじめまとめておいた統一教会に入るようになった経緯、その後の活動、一心病院入職当時の状況などを山口、紀藤両弁護士に説明した。

父は、私を拉致・監禁している間の状況（もちろん「保護」という言葉を使ったが）、そして〝私が今も統一教会に追われているため〟に一人では外を歩けず、また松永牧師の新津教会への送り迎えは父が行っていることなどを話した。

山口氏は父に対し、「統一教会と一心病院との交渉の目標はどこに置きますか？」と尋ねると、父は「とにかく縁を切りたい。もう私の息子に手を出さないと約束してほしい。それが目標です。別に金銭的なものを得たいとは思っていない」と答えた。

私としては統一教会と一心病院と縁を切りたいとは全く思っていなかったが、その意見に同意したふりをしなければならなかった。両親のいるところで言われたとおり、弁護士の委任状に署名し、捺印した。

山口、紀藤両弁護士は「今回は宮村氏に新潟まで行ってほしいと言われたので来ましたが、次回からの打ち合わせは東京まで出て来てもらっていいですね」と言い、父はそれを承諾した。

これ以降の打ち合わせは、東京の山口弁護士、もしくは紀藤弁護士の事務所で毎月一回のペースで行われた。

こうして、これらの弁護士を代理人として、内容証明付きの郵便で、統一教会と一心病院に対し、様々な要求を行っていった。その打ち合わせには毎回、両親と宮村氏が同席した。そして、宮村氏の考えと意見に重きが置かれた。

例えば、一心病院側から院長もしくは代理人が私と余人を交えずに会い、私の本音を聞きたいと要求してきた。両弁護士は、会ったらいいのではないかと言った。

私も「そうしたい。そのほうが事が早く進むなら……」と答えた。

ところが、宮村氏はそれに強硬に反対してきた。

「おれの経験から言って、こういう子たち（元統一教会員）を以前の責任者たちに会わせて良かったということはない。皆ショックを受けたり、会って話したときの内容を向こうに利用されるだけだ。どうせ、反対活動はするなと言われるだけだ。そう言われたら困るだろう」

それでも、私は「会いたい」と言った。

すると、宮村氏は「もし今後、君と君の家族が統一教会に対する取り組みで、一切おれとかかわらないというなら会えばいい。しかし、もしかかわるなら会うな」

両親も（特に母親は）宮村氏の意見に同調し、結局私の同意のないまま、「会わない」という結論が強引に下されてしまった。

万事がこういう調子だった。

私は心にもない手紙を院長宛に直筆で書き、また一心病院関係の組織図、および統一教会の信徒会の組織図を書かされたりもした。

山口、紀藤の両弁護士は、こういう打ち合わせの時点で、私が両親の監視下で生活していたのをよく知っていた。また、宮村氏の役割も十分にわきまえていたようだ。

両弁護士は、毎回「もう、そろそろ自由に行動させてあげても大丈夫じゃないかな。まあ、そのあたりのことは宮村さんに聞いたほうがいいけどね」と言い、宮村氏は決まって「あいつら（統一教会）は何するか、おれも分からないからな。向こうがつかまえにくることがまだないとは言えない」と返答していた。

結局、新津教会への〝送迎つき〟の生活は変わらないまま行われていた。その間、もし統一教会の信仰を心のうちでもっていることが知れてしまえば、再度、しかも今度は何カ月監禁されるか分からないという恐怖心が、常に頭を離れなかった。

そのころ、私は計画を成功させるため、統一教会とも、一心病院とも連絡を取らないつもりでいた。そして、家族だけという周りから妨害されない環境になったら、私の本音で話したいと考えていた。

しかし、そういう環境には、ついにならなかった。お世話になった一心病院に、弁護士を介して対決の姿勢を示すことは、私にとってはとても耐えられないことだった。

私はチャンスをうかがい、新津教会から人目を盗んで電話をした。

「院長に伝えてほしい、私は信仰を保っている。一年前と比べて私の気持ちに何の変化もない」と。

その電話の成果があってか、一心病院側は弁護士からの要求を一切拒絶してきた。

宮村氏も両弁護士もその対応に多少びっくりしていた。

「もう、公的な場（法廷）で戦うしかない」

自分の意志とは関係なく、そういう状況になっていった。

結局、翌年四月に、一心病院を相手取り、〝調停〟を起こすことになった。

訴えの内容は、私が一心病院で働いていた二年間に、正当な賃金が支払われていないという理由であった。

これは法律的にも無理な要求なのではないかと感じたし、賃金はすべてその都度受け取っており、間違いなく、受領していた。こうなるまでに、私は母に幾度も訴えた。

「私はこんなことはしたくない。しかし、そうしないと宮村さんや父が納得しないから、仕方なく同意しているだけだ」と。

五月十七日には、私と両親と紀藤弁護士は、豊島簡易裁判所で第一回の調停に出席した。この時の精神的葛藤は大変なものであった。

山口、紀藤両弁護士とも、統一教会を反社会的集団であり、自分たちにはその集団の働きかけから、社会を守る責任があると思い込んでいた。

やはり彼らも「統一教会のすべては社会悪である」という、信念ともいえる思い込みに動かされているようだった。宗教や神を否定する社会党系の弁護士だからそうなのだろうか?

私が監禁前に、一心病院という総合病院であり、救急指定病院であるところでどういう責任を任されていたのかということには、二人の弁護士ともほとんど関心を示さなかった。医者が突然いなくなることで、一体何人の患者が不安におののいたことか。医者の社会的責任を強制的に放棄させ、信教の自由を侵害する監禁行為については全く問題にしなかった。

二人とも人権問題をよく扱う弁護士だと聞いていたが、これでは二人とも反統一教会という政治的に偏った意識が余りにも強すぎるのではないか。彼らの人権という概念がゆがんでいると考えざるをえなかった。

この二人の弁護士は、宗教や信仰に対し理解をしようとしていると思わせる発言をすることがあった。

ある時、紀藤弁護士は、一心病院への私の就職の動機を聞いてきた。

「小出さんが本当に〝自分の統一教会への信仰を保ちたい〟〝堕落することがないようにしたい〟と考えて、信者が多く働いている病院に入ったというなら、それは別に強制でも、いわゆるマインド・コントロールでもないよね。他の宗教でも普通にあることで、修道院とかに入るのもそういうことでしょう」と言っていた。

山口弁護士も「もう少し年をとったら、出家して修行するつもりもある。統一教会の信者に接したりして、〝信仰〟というものを改めて考えさせられた」などと言っていた。

統一教会に反対している弁護士は、元信者らの代理人として統一教会を提訴するときには、「詐欺」「マインド・コントロール」「教え込み」などという言葉を使い、あたかも統一教会が信者らを〝洗脳〟したかのごとく告発してくるが、こうして身近で話してみると、宗教や信仰という世界に関してはズブの素人という感じだった。

この人たちも統一教会に対する偏った情報を信じ込み、政治的思惑より脱しきれず「統一教会はすべて社会悪」「その教え自体が欺瞞《ぎまん》であり、誤りだ」と決めつけてしまったためだろうと思う。そうしないかぎり、弁護士は統一教会相手の法廷闘争などできないのであろう。

紀藤弁護士はあるとき、「そんなに聖書の神と原理の神って違うの?」と私に尋ねてきた。「違うどころか、それはまさに同じ神について言っているんです」と言いたかった。私は、有田芳生氏が「聖書を読まなくちゃと思っているんだけどね」と言ったときのことを、ふと思い出した。

彼らと同様、「統一教会の教え自体が欺瞞《ぎまん》であり、誤りだ」といって反対している人のほとんどが、神との出会いといった宗教的体験をもたず、聖書も余り読んだことがない人たちであった。

統一教会の教えを本当の意味で知ろうとしたことも、知ったこともなく、キリスト教会の牧師や宮村氏のような改宗請負人からの情報を、真摯に検証することもないままにただ受け入れ、その情報にコントロールされている。それこそ〝思い込み〟と〝マインド・コントロール〟以外の何ものでもなかろうと思わざるを得なかった。

そこから、〝統一教会つぶし〟という旗印をかかげ、弁護士やジャーナリストという社会的優位な立場を利用するのは、〝いじめ〟以外の何ものでもなかろう。

五、〝青春を返せ訴訟〟――新潟での実態

全国各地で元信者たちが、統一教会に対して、彼ら自身がその信仰に基づいて活動していた期間に対して、被害を受けたとして損害賠償を請求し、または献金、物品の購入などについて弁償しろ、という訴えを起こしてきた。それを〝青春を返せ訴訟〟という。

もちろん、裁判所はその信仰自体の正邪を判断することはできない。元信者側は、その信仰の伝え方、すなわち伝道の仕方が、統一教会の名前を隠しており、サギ行為であり違法であると主張する。

新潟県では、初め数人でこの種の訴えが起こされた。

そして年々原告者数は増え、当時は五十名くらいまでに膨らんでいた。その原告たちと、弁護士との打ち合わせが、毎月一回、新潟合同法律事務所で開かれていた。

統一教会を脱会したばかりの人たちは、〝リハビリ〟の一環として、その打ち合わせにも参加するよう、松永牧師らから勧められている。私も五、六回は参加した。

弁護士は新潟の中村弁護士（全国霊感商法対策弁護士連絡会所属）をはじめ七人ほどが参加したが、原告として打ち合わせに参加するのはせいぜい五人程度。それ以外に元信者が五人くらいで、それに松永牧師が参加して開かれていた。訴訟活動は当の原告よりも弁護士

のほうが熱心に取り組むという不思議な光景である。

打ち合わせでは、最近の裁判のようすを弁護士が報告し、次回の対策が立てられた。

「次回の証人喚問ではUさんが立つそうですが、この人のことを知っている人はいますか」というような感じである。

そして、そのための資料のまとめなどの仕事が、やはり〝リハビリ〟という名目で、その訴訟には直接関係のない元信者にまで回ってきていた。

時には、元信者ばかりでなく、その父兄にも仕事が回ってくる。一九九四年五月、新潟市で統一教会の信者らの運営するカルチャーセンターに対し、証拠保全が行われたことがあった。当日の朝、私の両親のもとにも電話がかかり、それに協力するよう要請されて出向いていった。

訴訟に直接関係のない人まで、なぜ協力するのか。

五十人の原告のうち、積極的な人がなぜ少ないのか。

その理由は、訴訟への参加自体が、本人たちの自発的意志によるものではないからである。はっきり言えば、松永牧師や宮村氏らの教育や勧めに負っている部分が多いし、かつ統一教会からの脱会の真偽を確かめるための〝踏み絵〟的要素に使われている面が多々あるからである。私が直面したケースも、まさにそれであった。

元信者の父兄は、松永牧師による勉強会に参加する中で、彼らから「統一教会は反社会的集団」という〝信念〟を植え付けられていた。

かつ元信者自身も、マンションに監禁されて説得されるうちに、「統一教会は反社会的集団。そこからの被害を回復することが責任を取ることであり、正義なのだ」と徹底的に教育され、監禁状態という苦痛から逃れたいという思いもあり、それを断り切れずに、原告となっていく場合が多かった。

そして〝リハビリ〟の過程で、松永牧師や宮村氏から特定の弁護士が紹介されていく。〝青春を返せ裁判〟で原告となっている人のほとんどは、そういう形で裁判への参加を決めていたのだ。

一九九三年の年末、新潟市の湖畔ホテルで統一教会に反対する新潟の会が開かれたとき、新しく〝青春を返せ訴訟〟の原告となった十人近くの人が前に立ち、一言ずつ話をした。その中で統一教会への恨みを語った人は、一人もいなかった。皆「反社会的集団である統一教会を訴えることが、社会的責任を取ることと感じ、訴訟に参加した」と異口同音に述べていたのが印象に残っている。

「統一教会は反社会的団体だから、そんなものを信じるのはまともではない」との一方的決めつけで、脱会を決意するまで長期間監禁し、それが終わるやいなや、すぐに訴訟を起こさせる。

〝まともでない〟と勝手に判断した牧師や改宗請負人が、統一教会をやめた途端〝まともになった〟〝訴訟を起こすだけの正常な判断力を回復した〟と断定している。彼らの言う、まともかまともでないかということは、統一原理を信じているかどうかと同一の意味になってしまっていた。

常識的に言っても、宗教的真理を悟る、もしくは否定するためには、一人で瞑想《めいそう》したり、祈ったり、聖書等の教典に取り組んだりする〝自主的営み〟が、ある一定期間必要なはずであろう。にもかかわらず、監禁と説得という外部からの圧力で宗教的真理を否定させ、〝裁判〟〝マスコミへの協力〟などという行動に走らせるのは、余りにも思想、信教の自由を踏みにじった〝人間性を軽んじている〟行為と言えはしないのか。しかも、それに牧師や弁護士、マスコミまでが加担し、協力しているのである。

あの山﨑浩子さんが拉致・監禁されてから四十数日後に記者会見で姿を現し、統一教会からの脱会宣言をするに際して、「統一原理は間違いであることに気づいた」「統一教会は反社会的団体」などと言い切ったのも、こうした背景があることを考察する必要があろう。

拉致・監禁され、牧師や改宗請負人が教育し、刷り込む内容が全国的にほぼ一致しているからこそ、脱会する際の発言がワンパターンとなるのであり、山﨑さんもこの例外ではなかった。

〝反統一教会グループ〟がいう「社会的責任」を取り、「ケジメ」をつけるためには記者会見という〝儀式〟をする以外に、山﨑さんも行く道が塞がれていたのである。

六、MUCA（元統一教会員の集い）への参加

MUCAとは〝元（MOTO）統一教会員の集い〟の略で、年二回、東京、新潟（新潟市、上越市）の元統一教会員を中心に開かれている。東京と新潟の中間地点に当たる群馬県あたりの温泉で、一泊二日か二泊三日の日程で、五月ころと十一月に行われている。私も二回ほど参加する機会があった。

私は、九三年の十月の土曜、日曜日にかけて群馬県の赤城山の国民宿舎で開かれた集いに、二日目の午前中だけ参加した。

この集いでは、最初の夜は懇親会、ゲーム、カラオケなどを行っていた。顧問として松永牧師、熊木氏が参加した。宮村氏は元信者のOさんの結婚式参加のため、その時は欠席していた。五十人ほどが参加し、まず自己紹介が行われた。伝道された場所、信仰年数、

どんな経験をしたか、やめたのはいつごろかなどを話した。

次に最近脱会した人から、摂理（活動内容）の状況、教会のようす、伝道の仕方などが報告された。私も、天林ドクターに関するコメントを求められた。彼らは統一教会から脱会したものの、いつまでも統一教会との関係を切れずにいた。

〝青春を返せ裁判〟の状況も報告された。監禁現場での説得の問題点についても話し合われ、「今後は説得者のための勉強会もＭＵＣＡでやろうではないか」などとの意見も出された。

次に参加したのは、九四年五月二日から四日まで開かれたもので、やはり二日目の夕方から参加した。一日目と、二日目は様々なレクリエーションが行われ、二日目の夕食後にはキャンプファイヤーとなった。少林寺拳法の演武等の出し物や、フォークダンスなども行われた。

この集いには宮村氏や松永牧師、熊木氏も参加し、酒も入っているせいもあって、とても陽気になり、冗談を言い合ってはしゃぎまわっていた。キャンプファイヤーの最後に、皆で何か歌おうということになったとき、宮村氏が「復帰の園」という統一教会の聖歌の名前を言ったりした。皆が「いやだ〜」と言って歌わなかったが、そんな微妙な反応の中にも、みんな統一教会を離れてはもう生きられない人たちばかりなのだと、つくづく感じてしまった。

何らかの形で統一教会とかかわっていないと不安なのだろう。そんなことを思い巡らしながら夜空を眺めていると、Hさんという女性から「統一教会に戻ろうと思っているんでしょう？」と聞かれてしまった。慌てて否定したが、「やはり、分かる人には分かるものだ」と思った。交流は、夜中の十二時過ぎまで続いた。

三日目に、前回同様の会合があり、昼に解散した。

七、監禁と強制的説得の現場へ

九三年十二月末、初めて統一教会員が監禁されているマンションを、松永牧師と共に訪ねた。

この日、松永牧師から「きょうは本人ではなく、母親と義妹に小出君がどうやってマチガイに気づいていったのかを証《あか》ししてほしい。そして、本人と肉親との心の交流こそが何よりも大切なことを伝えてほしい」と頼まれた。

私は「とにかく一度、説得の現場を見てみよう。そして、元教会員を救う材料にしてゆきたい」そう思って引き受けた。

その場所は、新潟県亀田市内のマンション「ホーユウパレス新潟亀田」監禁されていたのは、Ｉさんであった。

彼女は、信仰歴六年くらいの人で、ソウルで九二年八月二十五日に行われた三万組の国際合同結婚式に参加していた。その年の十月末に、自分の実家へ結婚のことを報告しに帰った際、監禁された。

本人は十一月末になって、「マチガイに気づいた」と発言するようになっていた。私は打ち合わせどおり母親と義妹に、自分の証《あか》しをした。

義妹は本人と話して「結婚については割り切れない思いがまだあるようだが、統一原理はもう誤りだと思っているようです」と言った。

母親は「娘は、なかなか私に本音を話してくれない。これは昔からなんですが……」と幾分か寂しげに話した。

私は「こうやって肉親だけで過ごせるのは、人生のうちでもわずかでしょう。マンションに閉じ込められているときは私もつらく感じたが、今思うととても貴重な期間だったと思う。心を開いて本音を話し合えるようになることが、どちらにとっても一番大切ではないかと思いますが」などと、改宗請負人グループの主張を言っていた。

このとき、彼女の母親と義妹は、本人のことをある程度信用していた。

統一教会員が監禁されていたマンション、ホーユウパレス新潟亀田

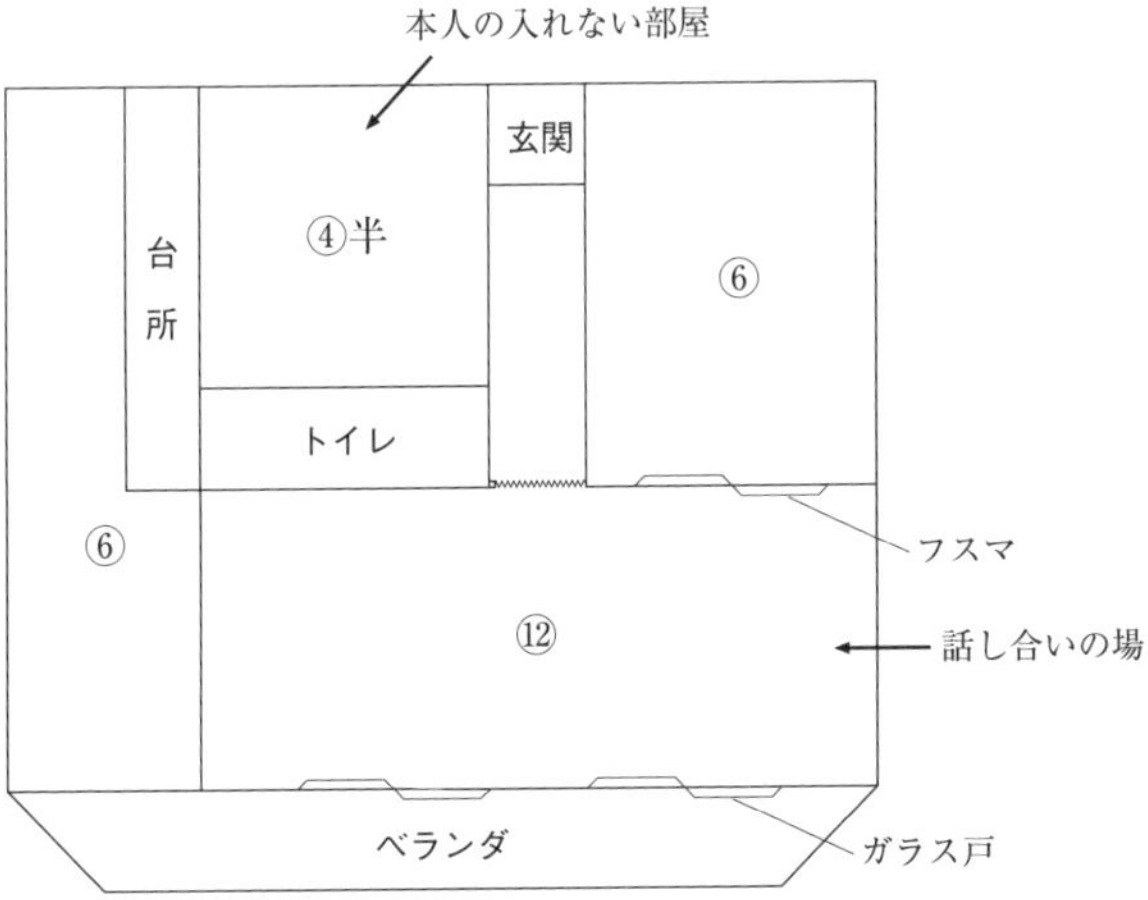

しかし、「本人の心のうちはよく分からないので、説得の経験が豊富である松永牧師と元信者の判断や指示に従う」ということであった。

その後、マンションへは十数回出向いた。本人と話してみるうちに、私は「この人はおそらく信仰をまだ捨てていない」と感じていた。なぜなら、本人はとても「救い」ということに関心をもっていたし、キリスト教の勉強をしたがっていた。

そして、『原理講論』にはマチガイがあるといいながら、それを整理することをためらっていた。さらに、何よりも、統一教会や文鮮明師に恨み言や悪口を全く言わず、かえって、感謝の気持ちすらもっているように見受けられたからである。

私はいろいろと本音で話したいと思ったが、本当に信仰を捨てていると大変だった。他の元信者の目もあったので難しかった。ただ、少しでも彼女の心を和らげてもらおうと、冗談ばかりを言うようにした。

彼女は、他のメンバーからも、初め偽装脱会と思われていた。しかし、徐々に信仰をもっていたときの悩みや課題まで打ち明けるようになり、信用されるようになっていった。

彼女がマンションから出られたのは九四年の三月末になってからであった。五月には、リハビリホームから新津教会へ通うという生活を始めた。

彼女はしばらくしてから神奈川県の実家に戻った。ちょうどその日、彼女を伝道した男性がそこを訪ねた。監禁状態の中で一方的情報を与え続けられた彼女は不信と疑惑のとりこになっていたが、彼の熱心さには心打たれたらしい。

その後彼女は彼の自宅のそばにアパートを借り一人暮らしを始め、そこで再び統一原理を学び直し、他にも様々な内容を学んでいった。韓国・済州島《チェヂュド》での修練会にも参加した。そんな中で統一原理の深い心情的内容を実感できるようになり、松永牧師に教えられたことで不安や疑惑のとりこになっていた心は、日一日と晴れていき、さらに救いは再臨の主、文鮮明師からしか来ないと、心から思えるようになっていったという。

合同結婚式に参加して結ばれた相手の人とは、紆余《うよ》曲折を経ながらも、今では家庭もち、忙しい中にも幸せな毎日を送っている。

私もこのことを知り、心から神の恩寵《おんちょう》を賛美せずにはいられなかった。

同じ亀田市内のマンション「ツインタワー」に監禁されていたT君のところへも、私は何回も足を運んだ。

彼は八年間ほど、後輩の教育に当たっており、やはり九二年の国際合同結婚式に参加した人であった。実家の近くにアパートを借り、家庭生活を始めるまでの間、一人暮らしをしているところを監禁された。九三年十月末のことだ。

私が初めて行ったときは、「統一原理を真理と信じている。文鮮明師は自分にとっては

もう一人の統一教会員が監禁されていた亀田市内のマンション、ツインタワー

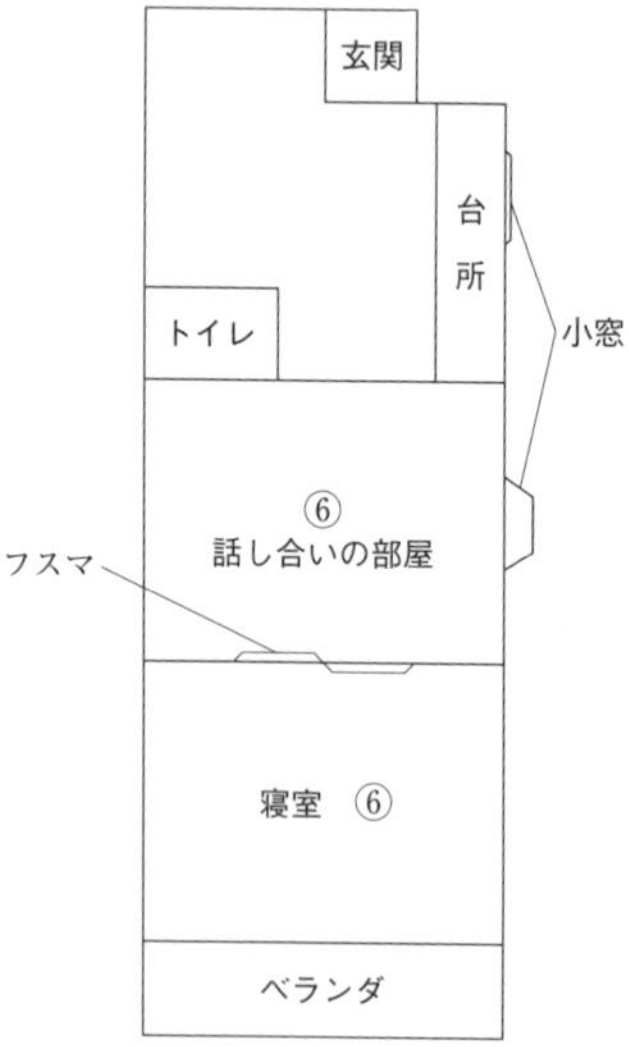

メシヤ（救い主）だ」と言っていた。

私は彼に「文先生が君にとってメシヤであることは分かった。しかし、ご両親が心配されているのは、文鮮明が聖書でいう再臨のキリストかどうかだ。ぜひ、聖書と『原理講論』を読み比べて考えてみてほしい。『原理講論』にも『聖書を正しく読むことによって、真理を悟らなければならない』と書いてあるじゃないか」と説得した。

彼はその後少し聖書を読んでいたが、考えは変わらなかったようだった。

しかしその後、さまざまな統一教会批判のビデオや資料を見せられ、元信者といろいろ話をしていく中で、「統一原理が信じられなくなった」と言い、「文鮮明は救い主ではあり得ない」と言うまでになった。

とくに彼の場合は、興進様《フンヂン》（文先生の次男）の霊が働いていたといわれる、ジンバブエのクンディオナ氏の記者会見を映したビデオを見て、大変なショックを受けたようだった。それは、統一教会幹部が性的堕落をしているという批判内容のもので、衝撃的だったようだ。

しかし私が後日確認したところでは、当時クンディオナ氏と行動を共にしていた人の話によると、クンディオナ氏の言っていたことはそのほとんどが出任せであった。

その後、彼は脱会宣言をした。

ところがある日のこと、統一教会に金銭問題のことを連絡をする封書の中に、「いろいろ疑問はでてきたが、まだ信仰はもっている。合同結婚式で婚約した相手とは結婚し、家庭を築いていきたい」と書いた小さな紙片を発見されてしまった。

T君は偽装脱会だったということになり、皆から責め立てられる毎日が始まることになってしまった。

両親が「もう本人を信用してやりたい」と言ってきても、牧師と元信者らは「まだ、信じてはいけない。マンションを出すわけにはいかない」と繰り返したが、九四年六月ごろようやく信用されマンションを出された。

彼が合同結婚式で婚約した相手の人は、彼が突然いなくなって以来、ずっと彼を捜し続けていた。彼がマンションから解放されてからしばらくたって、二人で会う機会をつくることができた。

その時点では彼は文鮮明師と統一原理への疑念を強くもっていた。しかし、その後、彼女を通じて統一教会の多くの人たちと会い、監禁される中で芽生えさせられた、統一原理の教義の内容や文師に関すること、〝霊感商法〟のことなど、自分の疑問をぶつけていった。それに対して教会の人は自分の疑問を十分に聞き、一つ一つを説明してくれ、「心の中の霧がサーッと晴れていった」という。さらに、自分で統一原理、統一思想を真剣に学ぶことを通じて、再び、文師と統一原理に対する確信は確固たるものとなっていった。

いま二人は家庭生活を出発し、支え合いながら頑張っている。

Tさんの場合も、T君と似ていた。

彼女は信仰歴五年くらいの人で、以前に一度監禁されて逃げ出したという経験をもっていた。九三年十月末に、二度目の監禁をされた。十一月になって「統一原理はマチガイだ」と言い始めたが、あまり真剣に松永牧師や元信者の言うことを聞かなかったし、また従わなかったのでマンションからなかなか出してもらえなかった。

二月の初めごろ、私も彼女のところを訪ねた。第一印象で「もうとっくに信仰を捨てているのではないか。早く出してやればいいのに」と言った。ところが、その実は偽装脱会であった。

二月中旬、「脱会届」を統一教会宛に出すことになった。その封筒に、監禁されているマンションの名と周囲の様子を書いた小さな紙片が入っているのを、見つけられてしまった。

それで彼女も偽装脱会ということになり、〝そのことを自分から白状するまで〟監禁を続けることになった。

彼女の両親は、そこまですることには抵抗を感じているようすだった。そこで、牧師と元信者らは「本人がきちんと脱会するまで、統一原理がデタラメであると思うまで頑張るべきだ」と強く説得した。

監禁されてから半年以上もたった九四年五月末、本人を疑うことに疲れ果てた両親のふとしたすきをついて、Tさんは脱出に成功した。逃げ出さなければ、おそらく彼女はいまだにマンションに監禁され続け、精神的にも肉体的にも追い詰められた状態になっていたことだろう。


Wさんの場合は、もっと悲惨であった。

彼女は信仰歴八年であったが、まだ合同結婚式には参加していなかった。以前にも一度監禁されたことがあった。再度監禁されたのは九三年十二月のことである。

翌年一月に私が訪ねたときには、「原理はデタラメだと分かった」と言っていた。ところがその後、両親が油断したすきに「ヴェルドミール万代の六階に監禁されている。これを拾った方は、警察に通報してほしい」という紙を窓のすき間からまき続けていた。

二月初めの夜、その部屋を数人の警察官が訪ねてきた。警察官は事情を聞いた。しかし、両親から統一教会の名前を聞くと、彼女が「自分は三十になっており、しかも三カ月以上も一つの部屋に監禁されている」と主張したにもかかわらず、かえって彼女自身をたしなめて、何事もなかったかのように帰ってしまったという。

精神病を患って他人に危害を加える恐れのある人でさえも、その患者を強制入院させる場合には二人以上の精神科医の診断が必要である。にもかかわらず、統一原理を信じたことを理由に、それに反対する親の判断だけで、成人を過ぎた人間を長期間監禁することが、果たして許されていいのであろうか。

数日後、このままこのマンションに居るのはまずいということになり、私も以前入っていたことのある新津市のロイヤルコープ五階に移った。その部屋は新津教会の信者さんの持ちマンションであった。

二月下旬の夜十時ごろ、教会に松永牧師とT氏が中心となって、Wさんの親戚を集合させた。車の配置、本人にどのように説明して移動を納得させるか、本人をどのように車に乗せるか、ロイヤルコープに入れるときはどういう点に気をつけるかなどを指導していた。元信者は親戚より早く集まってきており、すでに協力の仕方をT氏より指導されていた。

私は、松永牧師と元信者の女性一人と共に、ロイヤルコープの部屋の準備のために行った。部屋の入り口のドアを本人が開けられないようにするチェーン式の鍵も、教会から持って行った。窓は内側から開けられないようにする器具を取り付け、障子戸なども開かないように釘《くぎ》で打ち付けた。

すべて松永牧師の指示どおりに行った。

部屋の準備が整うと、彼女の到着を待った。

やがて親戚十人くらいに取り囲まれて、本人が運ばれてきた。Wさんは「離してよ。離してよ」と叫び続けていた。

引っ越し後、荷物を私と何人かの元信者とで移動した。本人が精神的に不安定になっている約一カ月間は、元信者が泊まり込みで監視をした。

三月末ごろになると、彼女の両親は「もう本人を信じたい」と言い始めた。そこで両親を教会に呼び出し、松永牧師と元信者らで、再度、統一教会の〝反社会性〟を懇々と説き、脱会させないと本人の人格が破壊されてしまうと怯《おび》えさせた。そして、本人が確実に信仰を捨てたと分かるまで監禁する必要があると説得した。

その後、彼女は九四年六月ごろには監禁場所から逃げ出し、今は自由の身となっている。同じころ、私がかつて監禁されていたマンション「ロイヤルコープ」の三階に監禁されていたKさんのところへも幾度か訪ねた。

彼女は、三万組の合同結婚式で、韓国人と祝福を受けていた。九四年の正月に実家に帰ったところを監禁された。

一週間くらいで彼女は川崎経子牧師の書いた『統一協会の素顔』（教文館刊）を読んで、「自分がなぜ原理＝真理＝文鮮明＝メシヤという思いから抜け出せないかが分かった」と言った。

その後、彼女はリハビリホームから新津教会に通うことになった。

そして、彼女は統一教会を不信するようになってしまった。


〝反統一教会グループ〟の中で、統一教会員をマンションに監禁する日のことを「Xデー」という。

私も一度だけ、その日に協力した。拉致・監禁を実行する、つまり、本人に手を触れるのは家族や親戚だけで、他人は手を出さないようにと指導されていた。当日は元信者と父兄とが車でマンションの入り口付近にいて、まずそれを確認した。

場所は新潟市の本町マンション。時刻は午後十一時ごろで、ほとんど人通りはなかった。私はマンションの玄関から二十メートルくらい離れたところに車を止め、その中で本人たちが到着するのを待った。

予定の時間より三十分ほど遅れて車は着いた。ワゴン車から、ネクタイを締めた若い男性（S君）が連れ出されてきた。親類であろうか、十五人くらいの男性に囲まれていた。何か叫び、手を振り回して暴れているが、ほどなくして力ずくでマンションの中に運び込まれてしまった。

教会員が力ずくで運びこまれた本町マンション

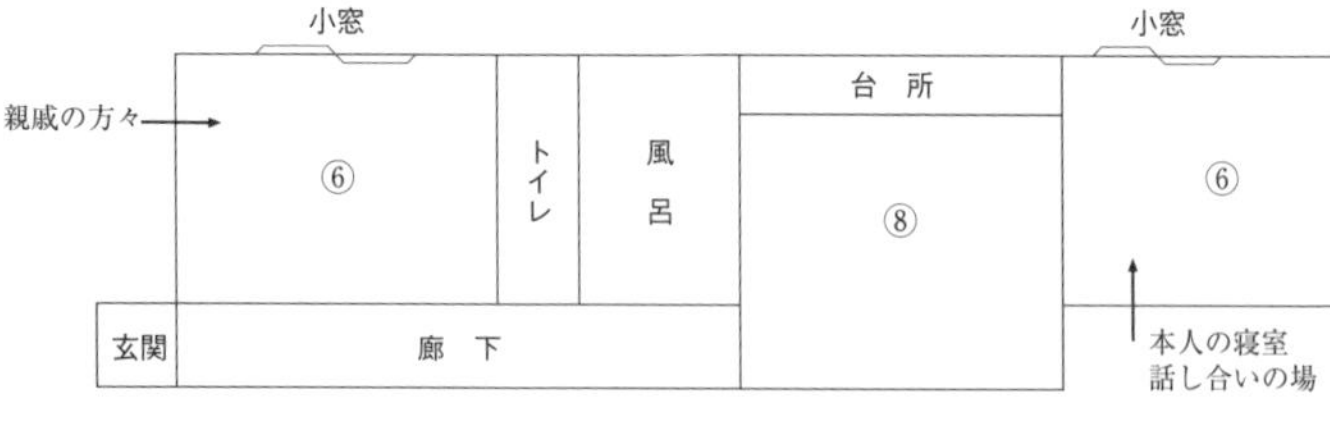

その後、両親から監禁時の状況、本人の状況などを聞いた。お父さんは疲れきっているようで、ハアハアと息を切らせながら「息子にあんな力があるとは思わなかった。いや、すごい力だった。疲れました。きょうはとにかくもう休みます」と言う。

私は、注意点を再確認し、何かあったら松永牧師に電話をするようにと伝え、しっかり頑張るよう両親を励ました。そして、牧師にその状況を電話で報告した。

監禁直後からS君は断食を始めたが、断食を十二日間でやめ、その後、一週間のうちに「原理はおかしい」「文鮮明のやっていることはキリスト教の教えと全く違う」と言うようになってしまった。

こうなるまでには、父親との激しい口論と取っ組み合いもあったらしい。

その後、伝え聞いたところによると彼も悩みながら、心の中では愛している相対者との仲を、弁護士を間に入れながら清算しているようであった。

教義うんぬんは別にしても、彼は彼女を愛していた。それを弁護士を通して交渉せざるを得ないのは苦痛以外の何ものでもないだろう。それが本人の本心からしていることなのか。

監禁から逃れるには脱会の意思表示と、それに伴う祝福の解消や統一教会を提訴するなどの〝踏み絵〟が要求される。彼の相対者との間の清算が踏み絵でなければいいのだが。

私も〝反統一教会グループ〟の一員として、かなり積極的に活動した。具体的な説得活動以外にも、いろいろな面で協力した。

新津教会での昼の打ち合わせの時も積極的に意見を言ったし、牧師不在の時にはまとめ役までやった。土曜日の勉強会でも、反対する父兄の話を聞き、そして励ました。

統一教会批判の出版物の販売係、勉強会の準備、受付なども積極的にやった。

しかしこれらのことは、その行動とは裏腹に「監禁されている教会員が信仰を失わないように」、また「家族が偽装に気づかないように」と祈りながら行っていた。

ここまで読み進めてこられた読者には、ある一つの疑問が残るかもしれない。

それは、「信仰を持ち続けていたなら、なぜ統一教会側に、反対活動の情報や内容について、また自分の本音をその時点で流さなかったのか？」と。

私はこの拉致・監禁という問題を、日本の中から一掃してしまいたいという気持ちをもっていた。だから、今現在囚われている教会員に対してはすぐに救い出そうとはせず、反対牧師を中心とする人たちの行動と生活、さらには、捕らえられている教会員たちの行動と心の動きまで、知っておこうと考えたのである。

その時点、そして、それ以後捕らえられた人たちも、自分が責任をもち、一人一人に会ってでも、皆が個人的にも神との出会いや対話をなしうるという認識をもってもらいたいという決意をしながら……。この本を書きながら、その願いを強くしている。

八、クリスチャンとして

一九九三年九月からの私は、今まで述べてきたように〝反統一教会グループ〟の一員であるとともに、キリスト教の求道者でもあった。

前にも書いたとおり、統一原理では、再臨主が現れる前の二千年間を、新約時代という。そしてこの時代は、信義時代といい、イエスをキリストと信じることによって、神の前に義とされる時代であった。本来はこの時代を通過した者が、再臨主と出会うべく予定されていたのだった。だから、私は新約時代の伝統と信仰姿勢を学ぼうという意識で、真剣に取り組んだ。

本、テープ、集会、講演、勉強会など、あらゆる機会を利用して勉強したし、キリスト教を学ぶことに関する限りでは松永牧師をはじめ新津教会の人々（一般の信者）も親身になっていろいろと教えてくださった。

そして、彼らが教典としている聖書に対しては、クリスチャンがどのようにそれを読み理解するのかということを知りたかった。「クリスチャンの本質は何か？」その問いへの答えも得ようと思った。

特にためになったのは、ちょうどその年の九月から始まった「愛の宣教学校」という、初心者向けの学びの会への参加であった。そこで、松永牧師を通して、日々「聖書を読み、聖書から聞くこと」を指導された。それはプロテスタントのクリスチャンにおける信仰生活の伝統であった。

一般的な日本人なら、ここで聖書はそれほど信頼してよいものだろうか？　という問いかけが心の中に起きてくるはずである。私の場合は統一原理によって、聖書は全体として神の啓示であることに確信をもっていたので、素直にそうできたのであった。

毎日、矛盾に悩み苦しみながらも、朝は主に心の内を祈り、そして御霊《みたま》が聖書のみ言《ことば》を通して導いてくださることを願うことができた。わずか十節から二十節の聖句に、膨大な真理が含まれていることを改めて知った。

その主との交わりが、自らの生活のよりどころとなった。そして、その〝愛の宣教学校〟で、一週間の歩みのまとめをすることができた。それを積み重ねることによって、私にとって聖書は〝死んだ文字〟でなく、〝生きた神の言葉〟となっていった。

また、九月の終わりから二月いっぱいまで、松永牧師から依頼されて、信者さんの娘さんの家庭教師をやった。

大学受験を控えた高校三年生の女の子だった。受験を控えて猛勉強という感じではなく、信仰、友人関係、その他で悩みながら勉強するという感じであった。

週二回であったが、はっきり言って「大丈夫かな？」という思いをもって教えに行っていた。やる気が余りないように見えたので、私も手を抜きたくなることもあった。

けれど毎朝の主との交わりのなかで、「Mちゃんのために心を尽くしなさい」と主から諭された。そして彼女自身も実は毎朝祈り、聖書を読み、主のみ声を聞き、それに従っていこうという努力を積み重ねていた。

一次のセンター試験の結果は余り良くなかった。志望校は迷いに迷った末、N大学にした。少し難しいかなとも思ったが、結果は「合格」であった。それを聞いたとたん、私も「主が導いてくださった。ハレルヤ！」と叫ばずにはおれない気持ちであった。

それは、彼女の気ままな志望とは違った大学であった。しかし、神のみ意《こころ》がN大学であったのであろう。彼女のさまざまな弱さも知った上で、かえってその弱さをも用いて、主は自らを現してくださったのだと……。彼女とともに過ごした半年間は、私にとっても大きな恵みとなった。

また、彼女の両親との交流はとても楽しかった。お母さんは新津教会の中でも特に熱心で、毎朝午前五時半からの祈祷《きとう》会に参加していた。

私も、キリスト教関係の書籍やテープなどをずいぶん貸してもらった。また、〝罪〟について、救いについて等々の議論もさせてもらった。家庭教師を終わった後には、夕食をご馳走《ちそう》になることも度々だった。

このほかにも、礼拝のとき、祈祷《きとう》会のとき、また食事に招かれたりして、他の一般のクリスチャンの人々とも交わりをもつことができた。その思いの清らかさで、ともに手を取り合って祈ると、その瞬間にイエス様が〝共におられる〟ことをはっきりと感ずることができた。信ずるというのではなく、隣に立っておられるということを感ずることができた。そして、神様と同じように清らかな光を注いでくださっていた。

こんなにも父なる神、そしてイエス様や聖霊に愛されている純朴なクリスチャンの方々のイエス様を慕う姿勢には、いたく感動させられた。

一九九四年四月私は洗礼を受けた。

聖書を神の啓示として信じ、自らの罪を認め、イエス・キリストの十字架と復活による救いを信じていたのだから、洗礼を受けるのがキリスト教の伝統からいったら当然であった。松永牧師はこのことで私を信じざるを得なくなった。彼は洗礼を受けたクリスチャンの人格を貴重視していた。

洗礼式のとき、兄弟や両親のいる前で証《あか》しをした。私自身聖書を学ぶ中に、長い年月の中の啓示でありながら、その啓示の内容の一貫性に改めて驚かされていた。啓示（聖書）の背後に歴史を超えた一なるお方がいるとしかいいようがないことが分かった。特に、ルツ記を学ぶ中にそのことが分かったので、ルツ記の内容を説明しながら、証しをした。「モーセ五書の中の律法も、その精神は憐《あわ》れみ、愛であることが、ボアズとルツの物語から分かります。詩篇《しへん》の中の『御翼《みつばさ》』という言葉でそれは表現されています。そして、憐れみ、愛はボアズとルツの子孫であるところの、イエス様によって結実するのです」と語った。

このとき、「そして、その一なるお方は二千年後の今、再臨主として文鮮明先生を送ってくださったのです。今こそ、そのお方が待ちに待った真《まこと》の愛が家庭、国家、世界に実現されるときです」と宣言したかった。とても無理であったが……。

その晩、飯星さんの関係で東京に就職していたTさんからの電話が入った。いろいろな話をした後で、Tさんは「イエス様を信じたら本当に救われるの？」と深刻な声で聞いてきた。

私は「救われる」と答えたのだが、彼女の「本当に救われるの？」と聞いてきた深刻な声は、今も耳に焼き付いていていて離れない。

九、両親や元信者との安楽な生活

一九九三年二月からは、ずっと両親と私の三人で生活していた。それは約十六カ月に及んだ。心の複雑さとは裏腹に、その生活環境それ自体、特に後半の八カ月は、私にとって快適なものだった。母は私の好物をよく作ってくれたし、父も出掛けたときには、私が好みそうな本やCD、そして洋服を買ってきてくれた。

両親と一緒にテレビを見ることも楽しかった。映画を見に行ったこともあった。両親はできる限りの愛情を注いでくれた。

弟は私を信頼して率直に悩み事を話すようになった。また、新婚旅行のお土産には腕時計を買ってきてくれた。誕生日のときは英語の聖書をプレゼントしてくれた。

姉も機会があれば、甥《おい》や姪《めい》を連れて訪ねてくれた。甥は私の小さいころに本当にそっくりだったので、とてもかわいくて仕方がなかった。

私の生活は家族の信頼と愛情に包まれていた。

しかし、「統一原理は真理だ。文鮮明師こそ再臨のキリストだ」ということを伝えることはできなかった。この胸の内の「真実」を口に出してしまえば、家族との信頼と愛情の関係は、即座に不信と憎悪に変わってしまうのだった。

元信者との間にもいろいろなことがあった。

ある女性は私に好意を寄せてきた。月に二回くらい手紙をくれ、週一回は電話をしてきた。しかし、彼女の愛情も、私が統一教会を脱会したということが大前提のものだった。私は彼女の私への愛情を何とか文先生への愛情へと変えられないかと考え、曖昧な態度をとり続けてしまった。

私の曖昧な態度は、かえって彼女の心を傷つける結果となってしまった。

元信者たちはよく集まった。互いに過去を理解し合う仲であるからであろう。私も焼肉パーティーに参加したり、花見に行ったり、ドライブを楽しんだりもした。〝反統一教会グループ〟の人たちは、そういうことに一時の〝慰め〟を見いださざるを得ないようだった。

十、松永牧師、その思想と行動

新津教会のクリスチャンたちは皆信仰深く親切で、一緒にいて心温まる人たちだった。しかし、なぜか松永牧師とは話をしていても、心が軽くなることはなく、不安をかきたてられ、話すたびに心は重く、つらくなっていった。

松永牧師が統一教会と文先生に対して語り始めると、一種異様な雰囲気となる。クリスチャンは愛と寛容がモットーであるが、松永牧師の統一教会と文先生に対する言葉には、愛と寛容とは全く反対の、憎悪と偏狭さが感じられるだけだった。

当然のことながら、新津教会のクリスチャンたちも、統一教会と文先生に対して極めて悪い印象をもっていた。その人たちは松永牧師から「統一教会は悪いところで、異端であり、聖書の教えから全くずれている」と、ことあるごとに教え込まれ、そう思い込んでいた。

しかし、その悪い印象は牧師への信頼に基づくもので、本人の信仰姿勢自体からくるものではなかった。実際、文先生が再臨のキリストであると彼らが悟ることができたならば、少なくとも私以上に熱心に文先生のみ言《ことば》に従って生きていける人たちである。

しかし、松永牧師の憎悪は、そう生易しいものではなく、牧師の考え方、思想、そして本人の信仰自体の中に憎悪の根があると感じられた。

その最も根底になるのは何か。牧師が言うように本当に聖書の言葉なのか。

松永牧師の言動と行動を見て、どうしても納得がいかなかった。牧師はよく「聖書のみが唯一の真理であり、完結したものである」と話していたが、聖書全体をバランスよく読んでいる限り、〝聖書のみ〟という考え方は、聖書自体の中でそれほど強調されているものではなかった。

聖書は日々、それを読む人にこう語りかける。

人類の歴史が神への反逆で出発して以来、全人類がいつも神に反逆し続けたこと。神は反逆を許しておかないが、もし、主に立ち返るなら、必ず道を備えてくださること。悪人を恐れるのではなく、神をおそれ忍耐すること。主の日が必ず来ること、そして、イエス・キリストが来られたこと、さらにイエスが人々の反逆を受け、十字架で殺され、そして復活されたこと、等々。

松永牧師の思想の根底をかいま見たのは前に出てきた「愛の宣教学校」の学びの会でだった。

牧師は「若いころ、信仰的な課題にぶつかったときは熱心に聖書、それからカルヴァンの『キリスト教綱要』を読んだよ。そこに答えを見いだそうとして……。聖書以上に『キリスト教綱要』を読んだかもしれないなあ」と語った。

この言葉から私は、松永牧師の信仰の土台は聖書だけでなく、いやそれ以上に、カルヴァンの『キリスト教綱要』に負うところが大きいのではないかと思った。

牧師はいつも、統一教会を犯罪者の集まり、狂気の集団、悪魔に操られた人たちのように言っていた。言うだけではなく、牧師の生活の大半が、その考えのもとになされ、監禁、脱会活動になっていることはすでに書いてきたとおりである。
松永牧師にとっては統一教会との闘いが、生活、いや人生そのものとまでなっていた。私はどんなに聖書を熱心に読んでも、牧師の考え、そして生活は全く理解できなかった。新津教会においても、そこの信者で熱心に聖書を読んでいる人の関心は〝統一教会との闘い〟にはなく、日々の悔い改めと感謝、そして福音を宣《の》べ伝えること、主を待ち望むことにあった。
私はカルヴァンの『キリスト教綱要』を読みたいと思い、一般書店を探したが見つけることはできず、キリスト教関係の書店でやっと手に入れた。（当時Ａｍａｚｏｎのような買い方は一般的にはなかった）。
その本を読んで、初めて牧師の考えと行動、生活が理解できた。
『キリスト教綱要Ｉ』（カルヴァン著　渡辺信夫訳、新教出版社）には
「狂信者たちは　聖書をしりぞけ　直接的啓示に飛び越して　いっさいの敬虔《けいけん》の原理を転倒させている」（一〇八頁）
「なおまた、聖書を否認して、神に直接入って行く何らかの道があると空想するものがいるが、これは誤謬《ごびゅう》にとらえられているというよりは、むしろ狂気に駆られているとみなすべきである」（同）

「聖書の益は、神の子たちを窮極的な境地にまで導くところにあるにもかかわらず、これを、はかない・一時的なものであるとあざむくことは何という悪魔的な狂暴さであろうか」（一〇九頁）

「われわれに約束された聖霊の働きは、新奇な・まだ聞いたこともない啓示を造り出したり、あるいは、われわれをひとたび受けた福音の教理から遠ざけるための、新しい種類の教理を捏造《ねつぞう》したりすることではない」（同）

などと、聖書を独自解釈することを明確に退けている。

この考え方に従うならば、統一原理の「新しい真理が現れなければならない」「聖書は真理それ自体ではなく、真理を教示してくれる一つの教科書」「人間を命の道へと導いていくこの最終的真理は、いかなる教典や文献による総合的研究の結果からも、またいかなる人間の頭脳からも、編みだされるものではない……この真理は、あくまでも神の啓示をもって、我々の前に現れなければならないのである」との主張は、絶対に受け入れられないものだろう。

二千年前にイエス様が現れたとき、ユダヤ教、律法学者たちはイエス様を受け入れることができずに、十字架に追いやってしまった。そのとき、エズラ記にその名を残す学者エズラの流れをくむ厳格な律法主義、排他的な選民思想をもつパリサイ派がその中心であったというのは、歴史的事実である。宗教的厳格さ、排他性が、神の愛を拒絶し、神の愛の結実であるイエス様を葬り去ってしまったのであった。

『キリスト教綱要』を著したカルヴァンという人物の生涯は、彼が異端と考えた人たちとの闘いの生涯であった。彼の厳格さと排他性はたびたび指摘されるところである。一方で、カルヴァンの厳格さ、まじめな姿勢が〝社会〟や〝国家〟にまで影響を与えていっていた。実際一五四三年頃から神の国をめざしてスイスなどで活動している。さらに、彼の思想がアメリカにわたって資本主義成立の原動力となったという考え方を監禁中に読んだ『プロテスタンティズムの倫理と資本主義の精神』から学んだ。カルヴァン主義の人々は、自分に与えられた世俗的職業を天職として熱心に労働した。さらに、そこで得た富を浪費せず、生産的に使用するという合理的な生活態度をとった。それが、今日の経済的発展をうみだしたのだという。国際社会の状況は彼の思想の影響を大きく受けたのだった。彼に感謝しつつ、負の部分、信仰にもとづく愛と喜びが小さくなってしまいがちな事を矯正すべきときと思う。

悲しいことに、このカルヴァンの思想と生涯が、松永牧師が反統一教会活動に打ち込む支えとなっていた。

一人の若者を統一原理から引き離すことは、その人をサタンの惑わしから解放することだ、と松永牧師は信じ切っていた。

しかし、実は、松永牧師は、二千年前のイエス様に対するユダヤ教と律法学者の道を歩んでいたのではないか。

そして、拉致・監禁、改宗強要という人権を無視した〝現代の人さらい〟に走ってしまっていた。その結果、神を求め始めた人たちの、幼いが純粋な〝神を求める心〟を破壊してしまったのだ。生きている間に、この過ちに気づいて、〝神を求める心〟をよみがえらせる松永牧師になって欲しいと切に願う。

十一、牧師と金、そして改宗活動

松永牧師の新津教会は、六百坪余りの敷地に地上三階建ての新教会を建設した。

新津教会では一九九三年末から九四年にかけて、新会堂建設のための資金集めに皆必死になっていた。日曜日の礼拝の後と木曜日の祈祷《きとう》会のときにはその状況が必ず報告された。

その時の話では新会堂建設には二億円ほどの資金が必要ということで、一億円は三和銀行から借り入れ、後は信者の献金で賄おうとしているようであった。しかし、教会の信者からの献金は、一カ月に四十万円ほど集まるのがやっとで、一億円を三和銀行から借り入れることができたとしても、二十年の長期返済を組んだとして一ヵ月の返済額は五十万円を超え、信者からの献金だけでは銀行借り入れの返済金すら到底賄える状況ではなかった。億を超える新会堂建設資金の不足分を松永牧師はどのようにして調達したのであろうか。牧師が資金調達の当てとしたのは、拉致・監禁によって統一教会を脱会した元信者と脱会活動でかかわった父兄たちではなかったか？

松永牧師は、私が新津教会に通っている間だけでも元信者や父兄に三、四回ほど文書で献金や借り入れの依頼をしていた。

私の父も牧師の依頼を受け、献金として百万円、貸付金として三百万円を提供した。このとき父も迷ったらしく、お金を出すべきかどうか宮村氏に電話で相談をした。

宮村氏は「お布施だよ、お布施。そのつもりで出せばいいでしょう？」と父に献金を勧め、父もお金を出す決心をしたようである。

新津教会にはたくさんの新しい人が来訪していた。しかし、その大部分は求道者ではなく、統一教会から我が子を脱会させようとする統一教会員の父母、兄弟であった。

新会堂建設の資金調達、この現実的要求からも、松永牧師は、〝キリストのあがないによる罪からの救い〟ではなく〝反統一教会運動〟に熱心にならざるを得なかったと思う。

統一教会の元信者やその父兄からの金で新築した、
松永牧師の新津福音キリスト教会

十二、共産党系の病院に就職、そして脱出

九四年四月、元信者の父親の紹介で、私は新津市内の共産党系と言われている勤医協下越病院に就職することとなった。研修医という立場であった。両親（特に父親）は、私が早く働くことを願っていた。

私も両親や周りを安心させるために働こうかなど考えた。二年も医療の現場を離れていたので、勘を取り戻したいという気持ちもあった。最終的には聖書のみ言《ことば》によって決意させられた。

「しかし、ゼルバベルよ、今、強くあれ。――主の御告げ。――

エホツァダクの子、大祭司ヨシュアよ。強くあれ。この国のすべての民よ。

強くあれ。――主の御告げ――

仕事に取りかかれ。わたしがあなたがたとともにいるからだ。
――万軍の主の御告げ――」（ハガイ書二章4節／新改訳より）
このみ言《ことば》が与えられた。

この病院に就職することによって、私ははからずも共産主義的思想教育を受けることになった。

半月間ぐらいは、研修ということで、いろいろな施設見学、討論会に連れ出される。その中で、新潟水俣病の実態、町工場の劣悪な労働環境等を見せ、さらに、勤医協の診療所がいかに地域に根ざし、かつ、労働者や貧しい人たちのための医療をやってきたかを見せるのであった。

そして、医療者として政治にも関心をもたなければならないと訴えられるのである。その後二泊三日の研修旅行に連れていかれるが、そこでは、露骨に「我々勤医協の医療者は、労働者、老人、幼年者を苦しめる勢力と、闘争し続けるべきだ」と言われた。また、先輩たちの多くがマルクスの唯物史観は誰もが認めているものと語っていた。

就職後、新津教会でも特に信仰深いYさんが、私に一冊の本を貸してくださった。それはマーリン・キャロザース著の『獄中からの賛美』という本であった。「どんな環境でも心から感謝し、それを喜んでいくなら主が大いなる導きを与えて下さる」という内容であった。

病院では、特にこのことを意識しながら歩んだ。そうすると、本当に神様が間近に感じられるのだった。ことごとく導いてくださることが分かった。

このころ、多くの元信者の苦しみ悩んでいる姿に接する機会があった。統一原理を〝人生の光〟とし、希望として歩んできた兄弟姉妹たちである。その光を無理やり捨てさせられた。

皆、全く人生の方向が分からないままであった。力が出ないと漏らす人が多かった。唯一、一生懸命になれるのは、統一教会に対する批判と、改宗活動に対する協力であった。

ある女性の元信者は、「悩み込むと、どうしようもないくらい落ち込んでしまうのよね。力が全く出ないの。でも、悩んでいても仕方がない、開き直って頑張ろう。そう思ってとにかく仕事をして、体を動かしてみることにしたの」と、元気なく語った。

また、N君は「最近力が出ないんですよね。何もやる気がしないっていうか……。でも、もう宗教に頼るのは嫌だし……」とかなり落ち込んだようすで話していた。

二人とも、統一教会で信仰をもっていたときには、毎日が楽しく、充実し、喜々として活動していたのだろうに……。

九四年五月に始まった、私の元勤務先である一心病院に対する〝調停〟の精神的重圧は、想像以上に苦しいものだった。その前後は連日、悪夢にうなされた。

〝反統一教会グループ〟の実態を知るためとは言え、これ以上、今の状態を続けるのはよくない、と思われた。そんな私に神様は再び聖書を通して、語りかけてくださった。


「『しかし、今、――主の御告げ――

心を尽くし、断食と、涙と、嘆きとをもって、わたしに立ち返れ。』

あなたがたの着物ではなく、あなたがたの心を引き裂け。

あなたがたの神、主に立ち返れ。

主は情け深く、あわれみ深く、怒るのにおそく、恵み豊かで、わざわいを思い直してくださるからだ」(ヨエル書二章12、13節／新改訳より)

私は〝反統一教会グループ〟の一員になりすましていた。あらゆる面で統一教会を批判し、その活動を妨害しようとしているように見せていた。

しかし、今や必死に命懸けで、心を引き裂くようにしてでも、恐れることなく、主に立ち返るべき時が来ていることを教えられた。

五月二十九日、新津教会の聖日礼拝に参加した。

礼拝終了後、Yさんが声をかけてくれた。「きょうも会えて嬉《うれ》しいよ」と語りかけ、そして手を握って祈ってくれた。「この小さき者を通して主の大いなるみわざを現してください」と真剣に祈るYさんの言葉に、私は涙があふれてくるのをこらえられなかった。

私も祈った。

「主よ、これからあなたの大いなるみわざを現します。力を与えてください」

その日の午後、両親は、〝反統一教会グループ〟が主催する2DAYSセミナーに参加するために出掛けていった。

「今しかない！」

私は、私名義の預金通帳と免許証類だけ持って新潟駅に向かった。

そして、東京に向かう新幹線に乗った。

一つの聖句が心によみがえった。

「心を尽くして主に拠り頼め。自分の悟りにたよるな。

あなたの行く所どこにおいても、主を認めよ。

そうすれば、主はあなたの道をまっすぐにされる」（箴言《しんげん》三章5、6節／新改訳より）

東京に着くと、すぐ、一心病院の上崎院長にお会いした。

院長は、私の突然の訪問に非常に驚いた。そして、しばらく言葉が出ないまま、ただ手を握り、涙を流し続けてくださった。

私の出演したテレビも見ていたが、「信じていた。何か出演せざるを得ない事情があると思っていた」と言ってくださった。

院長に、私が突然いなくなった後、患者さんたちがどうなったかを尋ねた。外来の患者さんは私の先輩にあたる他の医師たちが引き継いで診てくださったこと、ただ、かなりの人数の患者さんが来なくなってしまったことを知った。入院中の糖尿病患者のMさんは、内科部長が引き続き診てくださったが、その後腎不全が悪化し、T大学病院へ転院し、そこで亡くなったとのことだった。外来の患者さんのうちで、どこにも通院しなくなって病状が悪化してしまった人がいないか……。なかなか調べることも難しかった。

院長、そして信仰の兄弟姉妹たちに温かく迎えられた私ではあったが、私のことを思う両親、とくに母の悲しみを考えると、とてもつらかった。しかし必ず、いつか理解しても

主な違法監禁場所一覧
（住所名は監禁当時のもの）

①東京都杉並区西荻南３丁目８番　メゾン西荻
②新潟県新潟市万代１丁目１番25号　ヴェルドミール万代
③新潟県柏崎市駅前１丁目２番10　ホテル・サンシャイン
④新潟県上越市　二階建てアパート
⑤新潟県新津市本町２丁目７番　新津ロイヤルコープ
⑥新潟県北蒲原郡笹神村　真光寺ビレッジ
⑦新潟県新津市山谷南4531丁目２番　中山マンション

らおう、そう心に誓った。

翌日、新潟の勤め始めた病院へ、翌々日、両親に電話で連絡した。

両親の対応は意外にあっさりしていた。電話に出た父が「よう、久しぶり。元気か」などと話しかけてきたのには、さすがに私も驚いた。しかし、話の端々に怒りを含んでいるのは隠しきれないでいた。

母は、「信じていたのに。宮村さんや松永先生の迷惑になるようなことだけはしないでね」と言った。

父親からは怒鳴られ、母親からは絶叫されるのではないかと考えていた私にとって、この両親の対応は意外だった。だからかえって、〝演出〟されたものではないかと、疑わざるをえなかったほどであった。

事実、これまで監禁の現場から逃げ帰ったメンバーに聞いても、彼らの両親の対応は、私の場合と同じようなものだった。牧師や改宗請負人らが主導する改宗活動では、逃げ帰ったメンバーへの対応まで、完全にマニュアル化されているのだろう。

心の内を手紙に書き、両親に出した。

新潟の病院へは「退職届」を出した。

十三、統一教会へ戻ってからの日々

一心病院の人たちは皆が皆、私が信仰を保ち続け、戻ってきたことを喜んでくれた。私は気になっていた患者さんがどうなっていたかを聞いた。そして、その対処は非常に大変だったこと、患者さんとその家族に大きな不安を抱かせたことを知った。

院長や先輩に今後のことについて相談した。一心病院に対して起こしている調停については、取り下げの通知を出した。紀藤、山口の二人の弁護士には解任通知を出した。

私は、すぐにでも病院に戻り、病んでいる人たちの助けとなりたいと思ったが、先輩たちは、病院にすぐに戻って働くことに反対した。

牧師や改宗請負人は、いったん手懸けた仕事には執念を燃やす。私も、いつまた、彼らと両親に拉致・監禁されるか分からない、というのがその理由だった。

私は、「すぐに働けないのならば、二年間の出来事をすべてまとめてみたいのですが」と提案した。

この手記はある信者の方の家で書くことになった。

到着したその日の晩、その家の子供たちが、歓迎の踊りと歌で迎えてくれた。お礼をひとこと言おうとしたが、涙が込み上げて言葉が出なかった。

「小出さんのことを祈ってくれって言われてね。皆、祈ってたのよ。だから、初めて会った気がしないのよね」と、お祖母さんが言ってくれた。その夜はうれしくて、なかなか寝付かれなかった。

その時から手記もまとめ始めた。

この間、滞在したご家庭の全員が私に気を遣ってくれ、尽くしてくださった。

着いた次の日から、その家の御主人は私に、最近の統一教会のようすや、文師のみ言《ことば》などを詳しく説明してくれた。

〝反統一教会グループ〟で活動していたときには、統一教会での生活は地獄であるごとく表現されていた内容が、こうして本当に人格的で心情あふれる方と接し、その生活ぶりを目の当たりに見てみると、いかに牧師や改宗請負人が描く統一教会像が虚像に満ちたものであったかを再度実感させられた。

改宗活動に参加する時でも、統一原理を信じていた私だったが、牧師や宮村氏、元信者らから相当の影響を受けてからみついてしまっていた歪《ゆが》みが、一つ一つ、私の心からぬぐい去られていった。

御主人は、み言《ことば》を語るだけでなく、散策や、釣り、素潜りなどに、時間の許す限り私を連れ出してくれた。

二年間にわたる監禁で、自由ということ、そして自然の美しさに敏感になっていた私にとって、散策で見る花、木々、海、そして小鳥のさえずり、焼けるような日差し、そのすべては言いようのないほど素晴らしかった。

心が自由になっているのを感じた。

いつも信仰を保ち続けなければいけないと身構え、常に環境を意識しなければならなかった私の心は、やっとその時解放されたのである。

約四十日間、その家に御厄介になった。

再度東京に戻ってきた。そして、千葉にある研修所で研修会に参加した。教会長クラスの方々の研修会であった。その研修の中心は統一原理の講義であった。

これまで何回も聞いた原理講義ではあったが、講師の語られる言葉の一つ一つに、この世界が、神の愛と知恵の結晶であることが感じられ、心に響いた。

イエス様の路程を聞き、再臨主を迎えて、この地上で子女の愛、兄弟姉妹の愛、夫婦の愛、父母の愛を完成することが、イエス様の無念の想いを解くことになると語られた講師の言葉は、深く心に沁《し》み入ってきた。

監禁され、脱会を宣言し、〝反統一教会グループ〟で活動していたとき、私に注がれた家族の愛情は、決して弱いものではなかった。統一教会に私が入る前以上に私のことを心配し、愛情を注いでくれたと思う。

しかし、神様の願う自分の人生を生きぬいて行くため、つまり自分の天命を果たす為には、キリストの愛、再臨の主の愛が必要であった。父や母、兄弟と一時、家族関係が断絶しようとも、世界の為、神様の為、その愛を選択せざるを得なかった。

キリスト、再臨主の愛で生まれ変わり、イエス様が果たせなかった、全人類が神の前にあって、本当の兄弟姉妹としてはぐくみ、慈しみあえる世界を築きたいと思った。そして、その世界でこそ、父と母、兄弟との本当の家族関係を取り戻すことができる、と思った。

その後、約三カ月の間、私は教会で献身的な活動を体験した。医学生から医者という立場でしか信仰生活を送ってこなかった自分にとって、教会の活動だけを行う期間はそれまでになかった信仰的充実感を与えてくれ、とても貴重であった。

集まっている人は年齢も、学歴も、地位も超え、神様と再臨主への信仰によって結び合う兄弟姉妹関係。それは本当に素晴らしいものだった。

翌一九九五年一月には、韓国の水澤里《ステンニ》中央修練院で行われた特別修練会に参加することができ、文鮮明《ムンソンミョン》師から直接み言《ことば》を聞く機会をもつことができた。

初めて、そして直接に文師から教えを聴き、新たな悟りを得て、新たな人生の出発を決意した。

二〇一四年、私は韓鶴子《ハンハクチャ》総裁の主礼による国際合同結婚式に参加し、念願の祝福にあずかることができた。妻は、一心病院の看護師で、私の両親の介護や治療に積極的に関わってくれた。また、私の兄弟とも交流してくれた。おかげで、コロナ禍だったが、両親とも、姉や弟と一緒に一心病院および近くの施設で天国への旅立ちを看取ることができた。

私は今も、さらに深い神の愛を感じつつ、文鮮明師ご夫妻に感謝する日々を送っている。

おわりに

(1)十三カ月でなく、十二年五カ月も監禁された後藤徹氏の事件

一九九六年九月から初版の「人さらいからの脱出」という本を出版するために、一心病院に再度勤めることとなった。それまで、小さな診療所で働いていたが、そこで、社会的に問題になるような本を出版するのは大変だろうということだった。

内科医師として忙しい毎日を送ることとなったが、特に、栄養の分野に関心があったので、二〇〇七年から、栄養回診を任されることとなった。栄養回診の内容は、週に一回、入院患者様の回診、つまり、ベッドサイドに行って身体を拝見しお話を伺って、より良い栄養状態になってもらう取り組みを行うことである。

そんな中、衝撃の出会いが待っていた。

二〇〇八年二月十一日、がりがりの状態で入院してきた四十五歳の男性がいた。身長一八〇センチメートル、体重五十二キログラム前後（入院時、脚の筋力の衰えと膝関節炎のため、立つことができなかった）、ＢＭＩ十六・〇（ＢＭＩ十八以下はるい痩、二十六以上は肥満）であった。四肢の筋肉も衰えた状態で、急に長い距離を歩いたために、入院時は、下肢の関節など

を痛めてしまっていた。

彼は、旧統一教会信者で、私と同じようにマンションの一室に閉じ込められていて、やっと逃げ出してきたというのだ。なんと十二年五カ月も監禁され、一年十カ月ほどはまともに食べさせてもらえなかったというのだ。その監禁を教唆、指導したのが、宮村峻《たかし》氏だったというのだ。栄養回診をした後、虐待の可能性があることが自らの体験からもはっきりとわかった。

警察に届けるべきとすぐに考え、一心病院のある地域を管轄する巣鴨警察署にすぐに届けでた。ところが、日ごろはスピーディーに対応してくれる警察の対応は非常に遅かった。一人の警察官すら、訪ねて来なかった。電話などでの連絡も皆無だった。日夜、巣鴨警察署の留置人の方の診察などにできる限り協力をしていただけに、冷たい対応に悲しくなった。

そして、初めて訪ねてきて、事情聴取を行った方は、かなりの「切れ者」という感じの方で、巣鴨署でなく警視庁の方でそれもびっくりした。質問された中で、今も忘れないのが、「栄養の熱量を示す単位、カロリーの表記の仕方に二通りあって、Ｃａｌとｋｃａｌだが、千倍の差があるのか?」という質問だった。本当に知りたくて尋ねているというよりは、私の表情などを観察して、私の心に探りをいれている感じだった。少々いら立ってしまったが、まんまと相手の術中にはまってしまったと思った。

その後、形式的には捜査がされたが、二〇〇九年十二月九日、東京地検の伊藤俊行検事は不起訴とした。さらに、二〇一〇年十月六日、東京第四検察審査会は、「本件各不起訴処分はいずれも相当である」とされてしまった。

その理由を読んで、私はもはや怒る気力もなくなってしまった。それでも、あくまで一人の医師として、この件に意見を述べておきたい。

そこには、こう書かれていた。

「一心病院が作成した診療録等を検査した大学病院の医師の報告によれば、二月十一日に体重が三十九・二キログラム、二月十七日が、五十二・一キログラム、二月二十四日が五十一・一キログラム、二月二十七日五十三キログラムとなっているが……。体重測定に立ち会った看護師は、体重を計る際、体重計に乗った後、倒れないように手を貸したまま測定したと述べている……三十九・二キログラムとした測定結果には疑問がある」

これにより、一心病院が故意に違う数字を書いて病状を重く見せようとしたと裁判所は判断しているのである。一人では立てないような状態だったので、手を貸して計ったから、誤った数字になったということで、そこに病状を重く見せようなどという意思は計測した看護師には全くなかったと思われる。

さらには、こんな記載が続く。

「栄養失調の点について東京警察病院の管理栄養士によれば、後藤家での食事は、必要カロリーからは不足しているが、基礎代謝が著しく低下していると思われるので、外出せず、運動量が少なかったことなどから消費カロリーが通常より少なかったとすれば、直ちに健康を害するほどのカロリー不足だったと思われない。血液検査の結果を見る限りは、深刻な栄養不良状態であったとは思えないと述べている」

日本の司法の一角を担う東京第四検察審査会は、医師でなく、管理栄養士に「東京警察病院」として権威づけして、患者さんの危険か危険でないかを診断する権威まで、付与しているのだ。これは、明らかに医療法に抵触するような言動であろう。一度も面接したこともない人々が「診療録がおかしい、深刻でない」と言いのけて、それを検察審査会は受け入れている。本書に掲載しているような後藤徹氏の写真すら、その医療者は参考にすることなく、そういう判断をしてしまったのだ。そして、司法はそれを利用している。

一般病院は、非常に忙しいときがある。診断・治療やその記載が完璧に誤りなく行われているとは言えないかもしれない。しかし、大学病院の医師や東京警察病院の管理栄養士が、上記のような医療者にあるまじき発言をしたのは、〝彼ら〟は「カルト」だから……ということなのであろう。

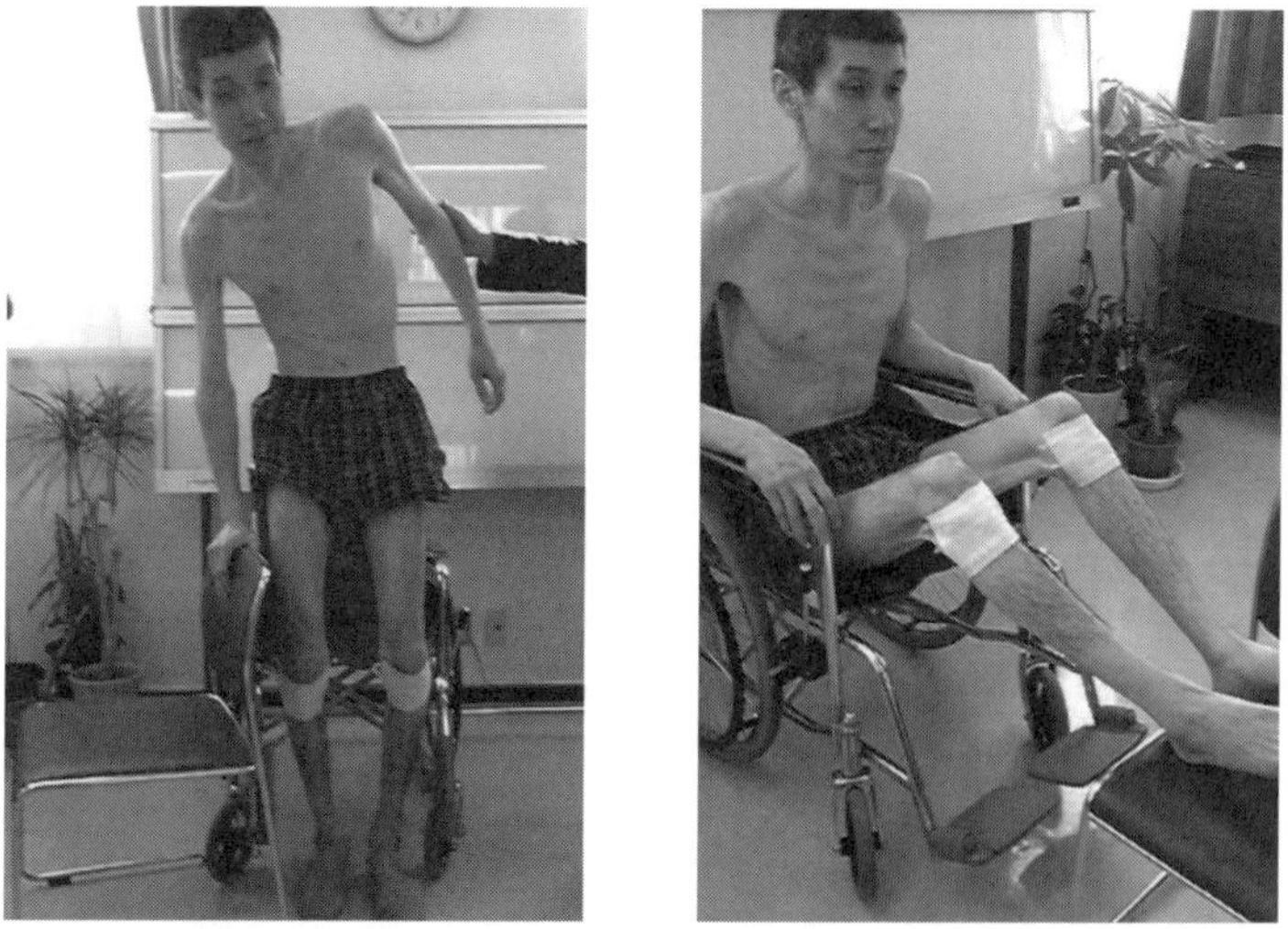

監禁から脱出した直後の後藤徹氏（撮影：米本和広氏）

病院全体としても、後藤徹氏のような、若くて食欲はあるのに飢えさせられたような栄養失調の方を見た経験はなかった。非常に神経を使う患者さんであったことは間違いない。それを、裁判所に「きちんとした医療をする気がない」というような書かれ方をしてしまい、偏見というものは恐ろしいと思った。

民事訴訟の際には、権威、知識とも豊富な先生が陳述書を書いてくださった。当時、日本病態栄養学会の理事で、徳島大学教授でもある先生であった。

陳述書では栄養不良に対して、日本で、まだ十分に理解されていない事を踏まえて詳細に学問的な解説も述べてくださった。後藤徹氏の栄養状態などに対して、実際に診察はしていないが、写真の資料、細かい血液検査のデータ、経過などを詳細に調べて述べてくださった。「……日本の一部の医師たちにはまだ理解されていないかもしれませんが、世界的には、疑いなく、この人は高度の栄養不良と診断されることになります」「ビタミンB12は蓄積があるため、通常は投与しなくても三〜五年程度は、欠乏症は出現しません。四月四日の北里大学の検査結果からすると、この患者は長期間にわたり欠乏が続いたと考えられ、短期間の不足によるとは考えにくいと思われます」と述べている。

三年以上は、実の親兄弟によって、十分な食事を与えられない環境に置かれたことを述べてくださったのだ。特に、ビタミンB12は、胃腸管、骨髄、神経組織の細胞に不可欠で、欠乏すると、胃、神経系、血液などに障害が現れる。ビタミンB12は、動物性食品に主に含まれていて、肉や乳製品や卵などに含まれる。後藤徹氏は、三年以上はこれらの食品を十分には与えられていなかったと予想される。このことは、裁判においての「親族によって故意に飢えさせられた」という彼の証言と一致するものである。

数年にもわたって意図的に飢えさせられた人を、日本の司法は、国としては守る必要はないと判断したのだった。

(2)マスコミは、愛の心「親心」では運営されにくい

民放系のテレビは、ビールや缶コーヒーや消費者金融などのコマーシャル代を資金として運営されている。国民の生活や心を守ろうとする「親心」では運営されにくい資金の流れになっている。依存性の高めのもの、例えば、アルコール類や白砂糖を使ったお菓子やコーヒーなどのカフェイン飲料、清涼飲料水の会社がスポンサーにつきやすい。よって、マスコミは、身体や心を守ってくれるような報道姿勢を保ちにくいと思う。

後藤徹氏の存在を知ることにより、もともと持っていた考えを実行に移した。私は拉致・監禁された方々の心の回復に努力したいということである。

そして、旧統一教会員で拉致・監禁に対して憤りを持つ方々と「拉致監禁をなくす会」という団体を立ち上げた。そして、荻窪駅の駅前、後藤徹氏と私が監禁されていた共通の場所で、旧統一教会信者に対する拉致・監禁の実態を知らせるためにビラ配りを行ったりした。しかし、世論を動かすのは容易ではなく、手応えがつかめないまま、活動は休止状態になってしまった。

そして、安倍晋三元首相の暗殺事件が起きた。ショックだった。マスコミ上での、「山上氏が特定の宗教団体に恨みを抱いている」という言葉を聞いた時、すぐにその宗教団体は、おそらく旧統一教会であろうと思った。それぐらい旧統一教会と友好団体の会員の中には、安倍元首相を愛する心があった。そして、安倍元首相は祖父の岸信介元首相が高く評価していた勝共連合の運動やスパイ防止法推進、憲法改正などの活動と、自民党の政策が方向性を一にし、盟友のトランプ前米国大統領がビデオメッセージを出すことから、安倍元首相も旧統一教会の関連団体の主催する大会にビデオメッセージを送っていた。情報の伝え方によっては、安倍元首相と統一教会や友好団体と親しい関係にあると誤解を与えるにはたやすい状態にあった。

一年間、マスコミは、山上被告の心の闇や彼に影響を与えた人物や情報源を暴くことにはまったく力を注がなかった。統一教会批判の活動家である鈴木エイト氏は山上被告が「自分のブログの愛読者であり自分の情報に影響を受けたであろう」ことを自著で述べている。これはまるで山上被告に行動することを〝教唆〟したことを誇っているではないか。それでもマスコミは、その偏った危険な思想をまったく批判することもない。旧統一教会と自民党の闇を暴くなど、殺された方の非を責める方向にまい進した。生前の安倍元首相の言動までも、マスコミの考え方・感じ方に合わせるべきだった、と主張し続けた。さらに、旧統一教会に対しては、「心から湧き出てくる信仰心なんてものはあるわけない！」「みんな洗脳されている！」「彼らの祈りなんてまじないでしょ」という論調である。私は、日々流される言葉が、どんなに国民一人一人の無形のものの「親心」を感じる力、神仏に祈る力を削いでしまうかと恐ろしくなる。

(3)「親心」を利用した恐ろしい犯罪が、旧統一教会員に対する拉致・監禁

「子供がおかしな宗教に引っかかった」。そんな事を言われたら、親は心配するであろう。子供に自分以上に良い人生を歩んでほしいと思うのが親心であろう。

それを〝反統一教会グループ〟は利用するのである。

神仏との出会いは、それまでに感じてきた「親心」を土台としてなされるのだと思う。よって一般的には、その土台を築いてきたのがその人の両親父母（またはそれに代わる人）である。その両親に自分の子供の心が「狂わされている」と思い込ませ、「正気」を戻させようと試みるのである。しかし、それを主導する宮村峻《たかし》氏も松永牧師も熊木氏も、事前に私と楽な環境で話し合ったことすらないのである。私の病院で働く姿、家庭生活どれも全く知らないのである。それなのに旧統一教会に所属している＝「狂わされている」と決めつけて、閉じ込めることを正当化している。私だけではない四千三百名以上の方々が同じような状態にされたと聞く。

私の場合は、母そして母方の親戚が新興宗教嫌い、韓国嫌いということは知っていたので、「しょうがないよなあ」と思えたし、母としては精一杯やってくれたんだなと思えた。また、天理教を通じても、神仏の親心に出合っているので、「狂わされている」とすると、

子供のころからとなった。それで、自分は旧統一教会に反対する方からいろいろ言われても、「自分は誰に言われることなく、子供のころから神様の道を行きたいと思っていた」と心はあまり動揺しなかった。さらに、監禁を行っている母の心を親心の部分と操られている部分とに分析的に見ることができた。私が幼いころ麻疹《ましん》でひきつけを起こした時、狂ったように探し回って、特効薬であるサイの角の粉薬を発見し、飲ませてくれた時に身体と魂で味わった母の「気丈さ」は監禁中も健在だった。その「気丈な親心」は、間違いなく神様からのものであると判断できた。一方で、監禁するという蛮行に及ばせた母の「不安」「恐れ」「新興宗教を侮蔑する心」は、親心でなく、何かに唆され操られたものと分けて考えた。

しかし、拉致・監禁された大部分の旧統一教会信者はどうなのであろう？

マスコミや、〝反統一教会グループ〟に唆された両親に閉じ込められてしまうという究極の矛盾した状況の中で、どこにも助けを求められなかったであろう。しかも、「神仏に祈る行為」を旧統一教会で初めて身に着け始めた彼らは、祈ることすら否定されたのだったろう。否定するように強いられたのだろう。「親心」いやその言葉では表現しきれない親から受けた愛情のすべてを、永遠なる神秘なもの、つまり神仏からの愛情と結びつけることを自らの心の内で完全に否定するまで閉じ込められ信仰を棄てさせられたのであろうか？　こんなひどい心の拷問がいまだかつてあったであろうか？

この悲惨な拉致・監禁という事実を、結局、後藤徹氏の十二年五カ月も不当に閉じ込められるという事件があっても、日本の司法は刑法上の事件とすら認めることをしなかった。「不起訴相当」としたのである。「司法」における親心のまったくの欠如である。

司法だけでなく、マスコミ、ジャーナリストの方々も、拉致・監禁される深刻な人権問題を軽視している。フリーライターの石井謙一郎氏（元週刊文春記者）は、『統一教会　何が問題なのか』（文春新書、二〇二二年十一月二十日刊）で、「両親は脱会するように説得を試み、娘は脱会すると偽って逃げる。そんなことが五回も繰り返された。両親は脱会カウンセリングの専門家の助力を仰ぐと決め……」などと述べて、信者が「偽って逃げる」行為を責めている。どんな状況でそんなことをせざるをえないのか？　脱会カウンセリングとは何か？　私が今まで書いてきた内容、すなわち脱会するまで監禁から解放しない深刻な説得がまさにその状況である。

『統一教会　何が問題なのか』という書籍全体を読んでも、どんな形で、家族による信者への説得が行われているのか、その実態は全くわからない。この続きの文章では、「キリスト教会で開かれる勉強会」「脱会カウンセリングに長年携わってきたキリスト教関係者」という言葉が続いている。この勉強会やキリスト教関係者がどのように親族に教唆するのかその実態は、文春新書の本を読んでもまったくわからない。

宗教学者と称する人物にも、拉致監禁をおそらく詳しく知りながらもそれを肯定し、その実態をひた隠しにしようとしている人がいる。その人物は、NHKの「こころの時代」の六回シリーズ、徹底討論「問われる宗教と〝カルト〟」に、宗教学者として六回とも参加している。北海道大学大学院文学研究院教授の櫻井義秀氏である。その著書『統一教会性・カネ・恨から実像に迫る』(中公新書、二〇二三年三月二十五日刊)の中で、統一教会の問題を広範にセンセーショナルに取り上げながら、拉致・監禁はおろか、脱会説得の問題点にすら、一言も触れていない。

実は彼との出会いは二〇〇九年だった。私が拉致監禁をなくす会で積極的に活動していたとき、大学教授でありながら、彼が拉致・監禁して脱会強要をする方法を肯定する人物らしいと知った。

私は、櫻井氏が千葉大学で「霊と金：スピリチュアル・ビジネスの構造」と題して講演する際に、大学生信者に対する拉致・監禁が増えてしまうのではないかという強い危機感を抱いた。それで、大学の校門で彼を待ち伏せて質問をした。「統一教会信者が、拉致・監禁されて、脱会を強要されるという事件があるが、これについてどう考えるのか?」と。櫻井氏は、「ケースバイケースだ」と答えた。

人の「神を求める心」を根本から破壊してしまうような拉致・監禁による説得行為を宗

教学者が「ケースバイケース」と言ってしまう。二〇二二年から二〇二三年、その人物が、公共放送の「こころの時代」に専門家として登場しているのだ。このシリーズを見て混沌としてしまった方も多いのではないか。このままで行くと、国民全体がまるで脱会カウンセラーに拉致・監禁されたかのように、「神仏に祈るこころ」や「神仏にすがるこころ」が尊いことに疑いをもってしまうかもしれない。

私は、この本の再版をきっかけに、拉致監禁をなくす会の活動を再開しようと思う。少しずつでも、そして、親心を感じることができる日本、与えることができる日本を取り戻してゆきたいと思う。

この拉致・監禁の被害にあったことが、アジアの国々で同じような体験をした方々へ私の心を向けることになった。カンボジアの方々、そして、ミャンマーの方々と知り合うこととなった。その中で、故安倍元首相の銅像が、アジアの国々で造られてゆく話を、ミャンマーの方からうかがった。なぜ、アジアでそんなに慕われたのか？　日本人を代表して、アジアへの「親心」を示してくれたからなのだと思う。そんな安倍元首相の遺志を受け継いで、私はアジアへの医療奉仕活動も、心をこめて続けてゆきたい。

小出浩久（こいで・ひろひさ）

昭和 37 年 11 月、東京生まれ。

昭和 56 年 4 月、自治医科大学医学部入学。在学中に統一原理を学び、人生の悩みが解消されることを実感。進んで布教活動を行う。

昭和 63 年 3 月、自治医科大学卒業。その後、信仰をもちながら、自治医科大学附属病院内科研修医として勤務。

平成 2 年、一心病院に、糖尿病担当医として就職。

平成 4 年 6 月、突然に宮村峻氏をはじめとする改宗請負人グループのメンバーにより拉致・監禁され姿を消す。監禁場所を転々とさせられながら、数々の「改宗洗脳工作」を受け、2 年間に及ぶ。その後、幸運にも機会を見つけて脱出に成功。

平成 26 年 2 月、韓鶴子総裁の主礼による国際合同祝福結婚式に参加。妻、智江さんと結ばれる。

現在、職業として医療の現場にありながら、「改宗洗脳集団」の非人道的、犯罪的実態を告発することにも力を注いでいる。

"人さらい"からの脱出　違法監禁に二年間耐え抜いた医師の証言

1996 年 11 月 2 日　初版発行
2023 年 9 月 20 日　改訂版第 1 刷発行

著　者　小出浩久
発　行　株式会社 光言社
〒 150－0042　東京都渋谷区宇田川町 37－18
TEL　03（3467）3105
https://www.kogensha.jp
印　刷　株式会社 ユニバーサル企画

ISBN978-4-87656-227-5

定価はブックカバーに表示しています。
乱丁・落丁本はお取り替えいたします。